**Escritores:**
A. W. Tozer • Charles H. Spurgeon • Corrie ten Boom • Oswald Chambers

**Coordenação editorial:** Dayse Fontoura
**Tradução:** editores do *Pão Diário*
**Revisão:** Dayse Fontoura, Lozane Winter
**Projeto gráfico e diagramação:** Audrey Novac Ribeiro

**Referências Bíblicas:**
Exceto se indicado o contrário, as citações bíblicas são extraídas da Edição Revista e Atualizada de João F. de Almeida © 2009 Sociedade Bíblica do Brasil.

© 2018 Ministérios Pão Diário. Todos os direitos reservados.

Proibida a reprodução total ou parcial, sem prévia autorização, por escrito, da editora. Todos os direitos reservados e protegidos pela Lei 9.610, de 19/02/1998.

Pedidos de permissão para usar citações deste livreto devem ser direcionados a permissao@paodiario.org

**Publicações Pão Diário**
Caixa Postal 4190, 82501-970 Curitiba/PR, Brasil
publicacoes@paodiario.org
www.publicacaoespaodiario.com.br
Telefone: (41) 3257-4028

Código: CQ189
ISBN: 978-1-68043-423-1

*Impresso na China*

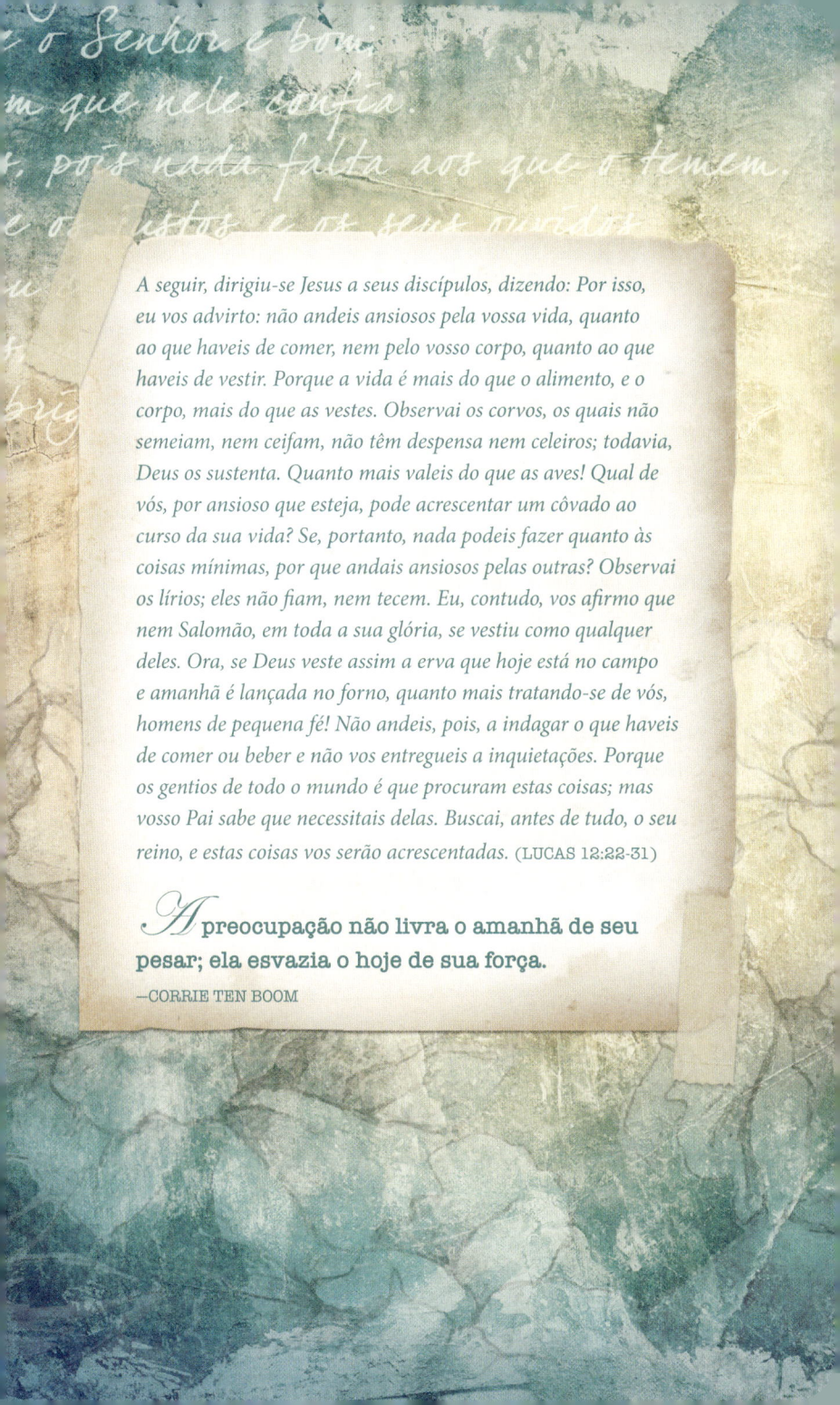

*A seguir, dirigiu-se Jesus a seus discípulos, dizendo: Por isso, eu vos advirto: não andeis ansiosos pela vossa vida, quanto ao que haveis de comer, nem pelo vosso corpo, quanto ao que haveis de vestir. Porque a vida é mais do que o alimento, e o corpo, mais do que as vestes. Observai os corvos, os quais não semeiam, nem ceifam, não têm despensa nem celeiros; todavia, Deus os sustenta. Quanto mais valeis do que as aves! Qual de vós, por ansioso que esteja, pode acrescentar um côvado ao curso da sua vida? Se, portanto, nada podeis fazer quanto às coisas mínimas, por que andais ansiosos pelas outras? Observai os lírios; eles não fiam, nem tecem. Eu, contudo, vos afirmo que nem Salomão, em toda a sua glória, se vestiu como qualquer deles. Ora, se Deus veste assim a erva que hoje está no campo e amanhã é lançada no forno, quanto mais tratando-se de vós, homens de pequena fé! Não andeis, pois, a indagar o que haveis de comer ou beber e não vos entregueis a inquietações. Porque os gentios de todo o mundo é que procuram estas coisas; mas vosso Pai sabe que necessitais delas. Buscai, antes de tudo, o seu reino, e estas coisas vos serão acrescentadas.* (LUCAS 12:22-31)

A preocupação não livra o amanhã de seu pesar; ela esvazia o hoje de sua força.

—CORRIE TEN BOOM

Jesus não pode nos ensinar nada até que calemos toda nossa inquietude intelectual e fiquemos a sós com Ele.
—OSWALD CHAMBERS

*Que vida serena e tranquila você levará se deixar a provisão nas mãos do Deus de providência!* —CHARLES H. SPURGEON

A graça veio por meio de Jesus Cristo antes que Maria chorasse na manjedoura em Belém. —A. W. TOZER

> Você jamais entenderá que Cristo é tudo que precisa, até que Ele seja tudo o que você tem. —CORRIE TEN BOOM

Quando chegamos ao fim de nós mesmos, não apenas mentalmente, mas completamente, estamos prontos para receber o Espírito Santo. —OSWALD CHAMBERS

*Se* nossas orações tivessem menos caudas de pavões de orgulho e mais asas, seriam bem melhores. —CHARLES H. SPURGEON

## Meu pensamento...

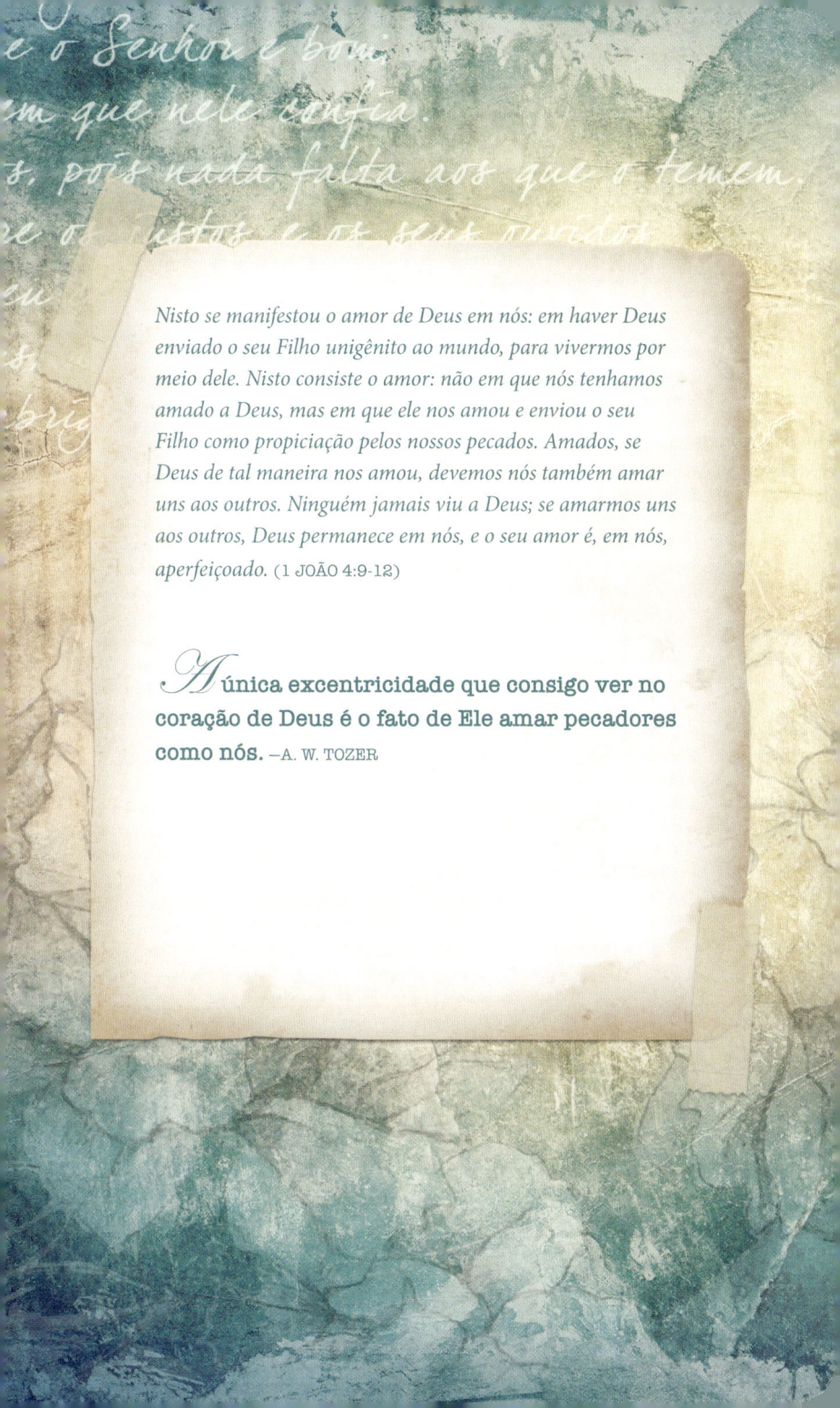

*Nisto se manifestou o amor de Deus em nós: em haver Deus enviado o seu Filho unigênito ao mundo, para vivermos por meio dele. Nisto consiste o amor: não em que nós tenhamos amado a Deus, mas em que ele nos amou e enviou o seu Filho como propiciação pelos nossos pecados. Amados, se Deus de tal maneira nos amou, devemos nós também amar uns aos outros. Ninguém jamais viu a Deus; se amarmos uns aos outros, Deus permanece em nós, e o seu amor é, em nós, aperfeiçoado.* (1 JOÃO 4:9-12)

A única excentricidade que consigo ver no coração de Deus é o fato de Ele amar pecadores como nós. —A. W. TOZER

A verdade de Deus brilha mais intensamente na escuridão.
—CORRIE TEN BOOM

*O cristão que é verdadeiramente íntimo de Jesus [...] demonstrará as evidências de uma vida que confia no controle absoluto do Senhor.* —OSWALD CHAMBERS

As promessas de Deus não devem ser postas de lado como papel velho; elas são destinadas ao uso. —CHARLES H. SPURGEON

...é certo que tudo o que os homens podem saber de Deus, nesta vida, está revelado em Cristo. —A. W. TOZER

Como o vento para os pássaros e as velas para o barco, assim é a oração para a alma. —CORRIE TEN BOOM

*Ser conduzido ao lugar onde podemos ouvir o chamado de Deus é algo profundamente transformador.* —OSWALD CHAMBERS

## Meu pensamento...

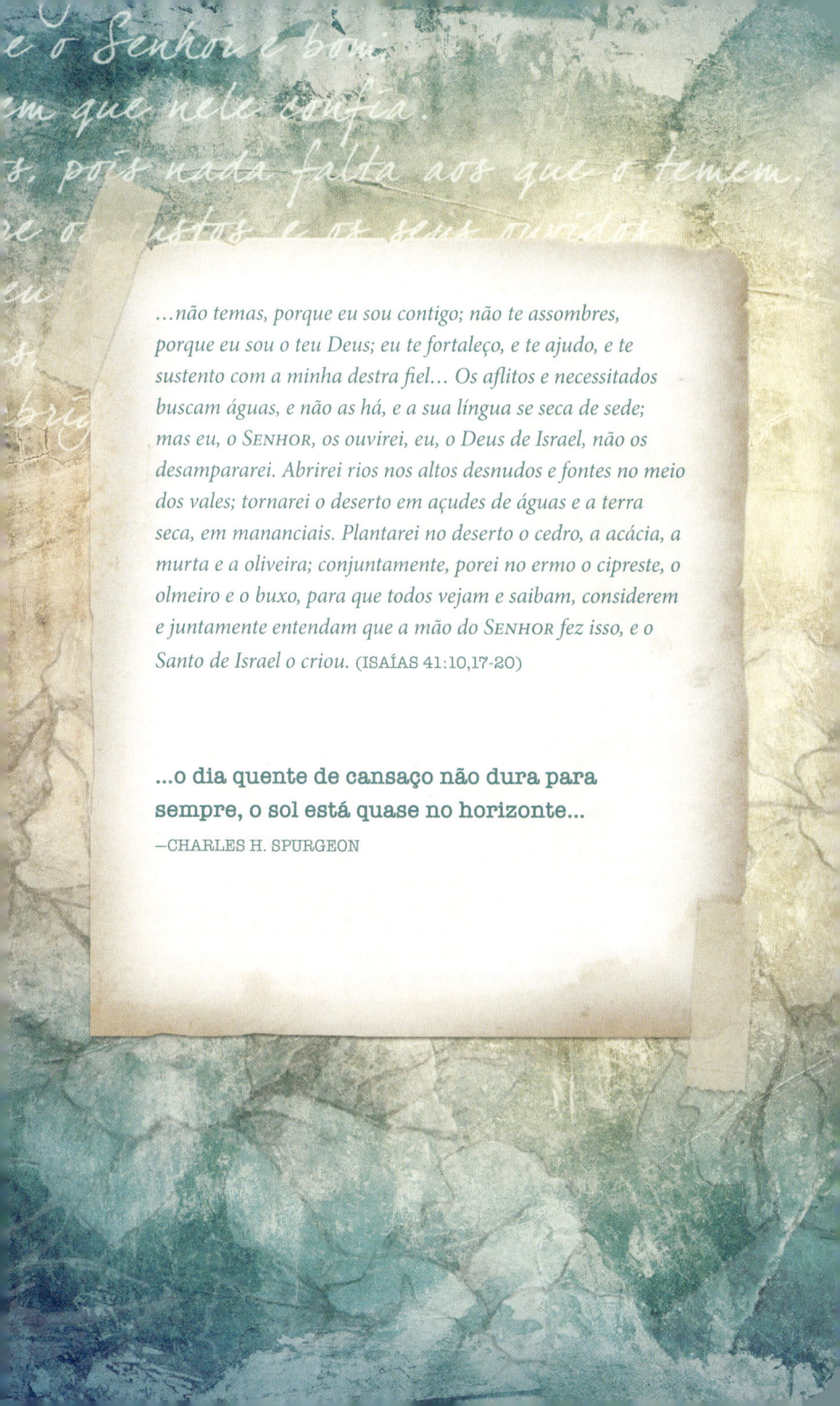

...não temas, porque eu sou contigo; não te assombres, porque eu sou o teu Deus; eu te fortaleço, e te ajudo, e te sustento com a minha destra fiel... Os aflitos e necessitados buscam águas, e não as há, e a sua língua se seca de sede; mas eu, o Senhor, os ouvirei, eu, o Deus de Israel, não os desampararei. Abrirei rios nos altos desnudos e fontes no meio dos vales; tornarei o deserto em açudes de águas e a terra seca, em mananciais. Plantarei no deserto o cedro, a acácia, a murta e a oliveira; conjuntamente, porei no ermo o cipreste, o olmeiro e o buxo, para que todos vejam e saibam, considerem e juntamente entendam que a mão do Senhor fez isso, e o Santo de Israel o criou. (ISAÍAS 41:10,17-20)

...o dia quente de cansaço não dura para sempre, o sol está quase no horizonte...
—CHARLES H. SPURGEON

A voz do Senhor é discreta. A voz do amor de Deus e de Sua graça é constante — nunca estridente, nunca compulsiva.
—A. W. TOZER

*Não é o meu poder, mas minha resposta ao poder de Deus que realmente conta.* —CORRIE TEN BOOM

Nada do que os outros façam ou digam pode perturbar aquele que está firme em Deus. —OSWALD CHAMBERS

*Quando a noite cai e a tempestade está próxima, o Capitão Celestial sempre está mais próximo à Sua tripulação.*
—CHARLES H. SPURGEON

Diante de Seus inimigos [Jesus Cristo] se posta com majestade. Diante de Seus amigos, Ele se apresenta com mansidão. —A. W. TOZER

*Não ore quando tiver vontade [...]. Um homem é poderoso quando está sobre seus joelhos.* —CORRIE TEN BOOM

## Meu pensamento...

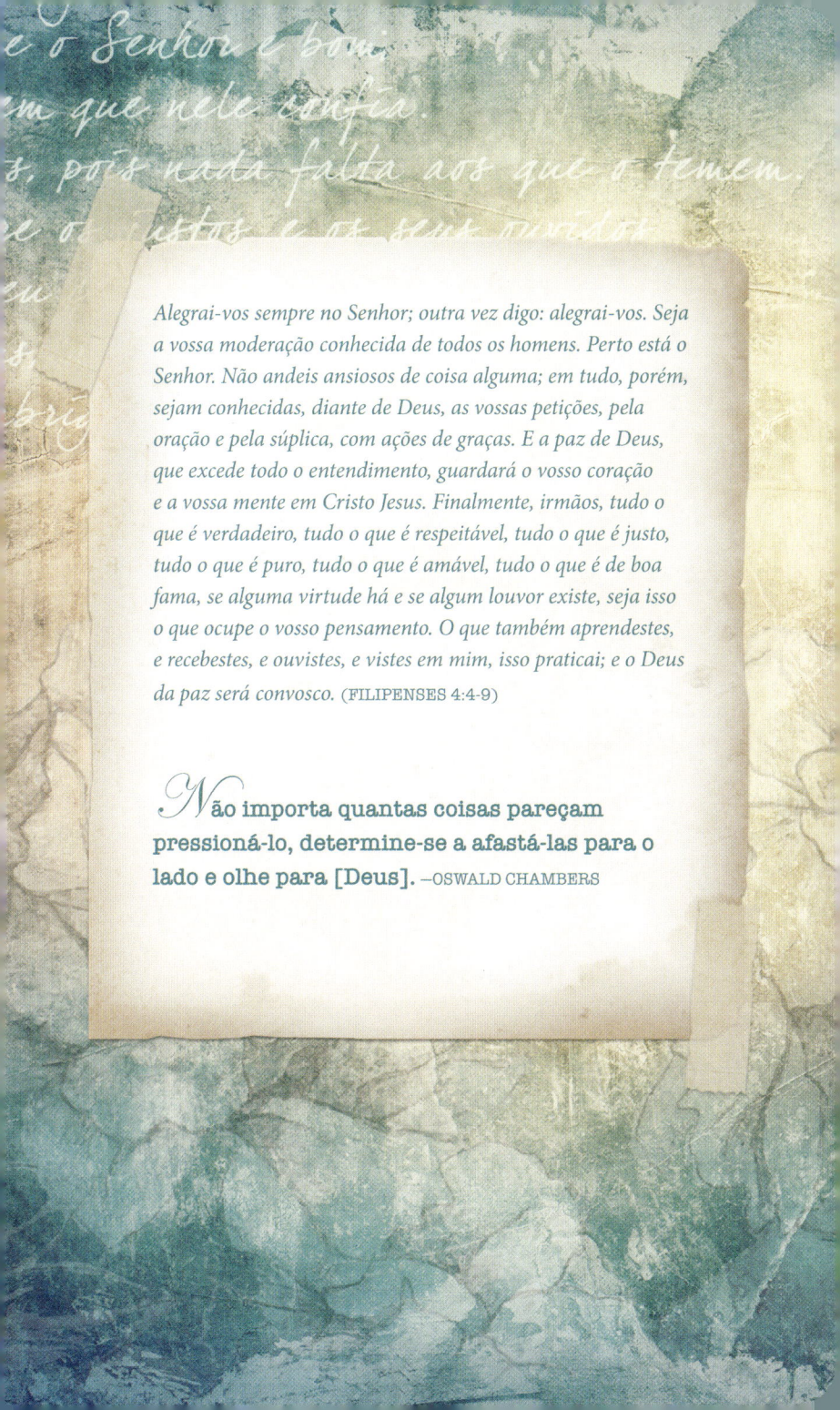

*Alegrai-vos sempre no Senhor; outra vez digo: alegrai-vos. Seja a vossa moderação conhecida de todos os homens. Perto está o Senhor. Não andeis ansiosos de coisa alguma; em tudo, porém, sejam conhecidas, diante de Deus, as vossas petições, pela oração e pela súplica, com ações de graças. E a paz de Deus, que excede todo o entendimento, guardará o vosso coração e a vossa mente em Cristo Jesus. Finalmente, irmãos, tudo o que é verdadeiro, tudo o que é respeitável, tudo o que é justo, tudo o que é puro, tudo o que é amável, tudo o que é de boa fama, se alguma virtude há e se algum louvor existe, seja isso o que ocupe o vosso pensamento. O que também aprendestes, e recebestes, e ouvistes, e vistes em mim, isso praticai; e o Deus da paz será convosco.* (FILIPENSES 4:4-9)

Não importa quantas coisas pareçam pressioná-lo, determine-se a afastá-las para o lado e olhe para [Deus]. —OSWALD CHAMBERS

Não há um estoque de força. Dia a dia você deve buscar a ajuda do alto. —CHARLES H. SPURGEON

> *Sem dúvida, o corpo mais importante da Terra é a Igreja do Senhor que Ele comprou com Seu próprio sangue.* —A. W. TOZER

Não há poço tão profundo que Deus não seja ainda mais profundo. —CORRIE TEN BOOM

Viva em constante expectativa e reserve espaço para o Senhor agir como lhe aprouver. —OSWALD CHAMBERS

A oração é sempre o prefácio das bênçãos.
—CHARLES H. SPURGEON

*A*penas nosso Deus é autossuficiente, Ele não foi criado, não nasceu, Ele é o Deus eterno que é autoexistente! —A. W. TOZER

## Meu pensamento...

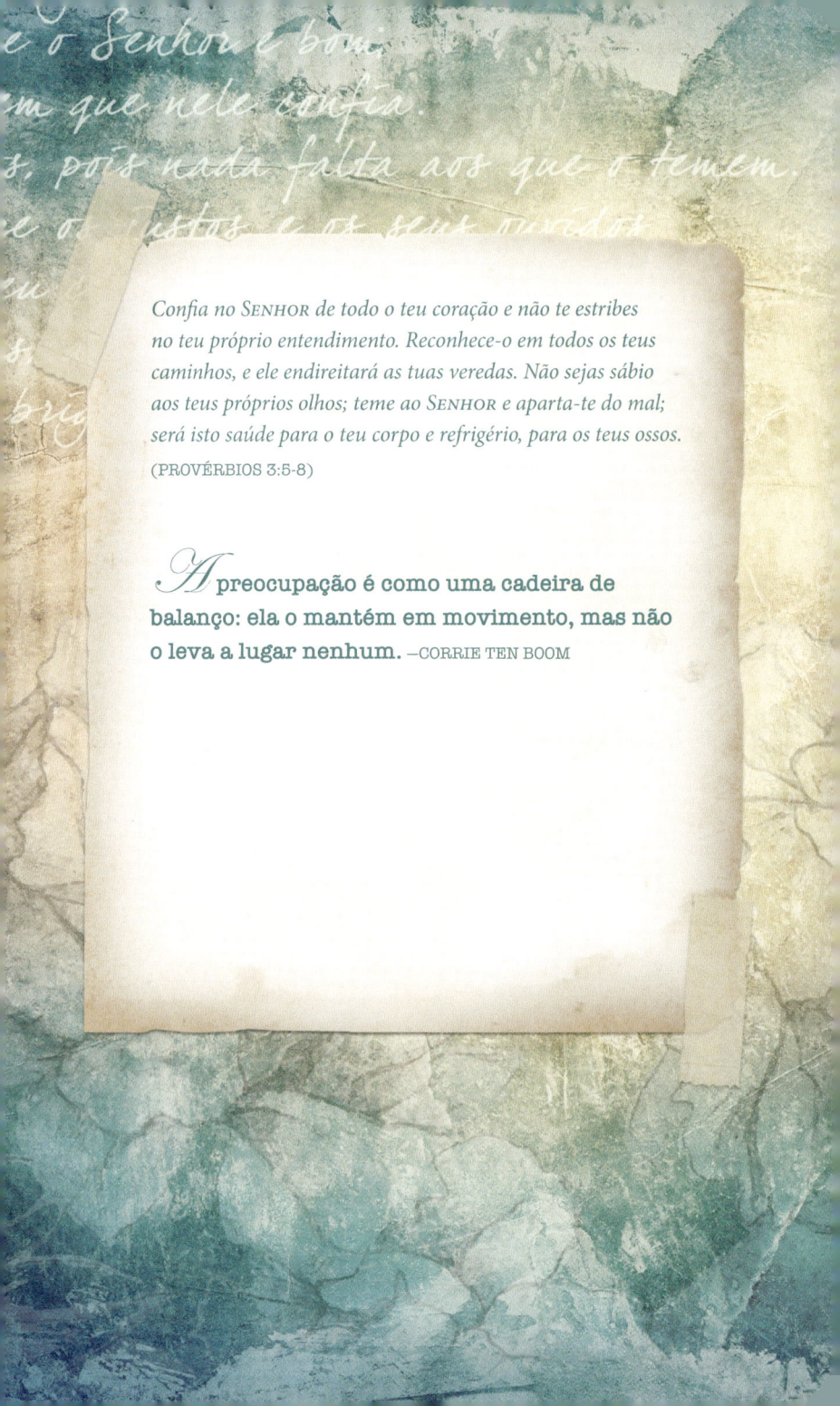

Confia no S<small>ENHOR</small> de todo o teu coração e não te estribes no teu próprio entendimento. Reconhece-o em todos os teus caminhos, e ele endireitará as tuas veredas. Não sejas sábio aos teus próprios olhos; teme ao S<small>ENHOR</small> e aparta-te do mal; será isto saúde para o teu corpo e refrigério, para os teus ossos.
(P<small>ROVÉRBIOS</small> 3:5-8)

A preocupação é como uma cadeira de balanço: ela o mantém em movimento, mas não o leva a lugar nenhum. —C<small>ORRIE TEN BOOM</small>

Quando ajo à minha maneira não desenvolvo espírito manso e tranquilo, mas apenas o espírito de autossatisfação.
—OSWALD CHAMBERS

*A* mente fraca se irrita com pouco: a mente forte suporta como uma rocha que não se move... —CHARLES H. SPURGEON

...a Verdade não é algo que devemos buscar, mas uma Pessoa a quem devemos ouvir atentamente! —A. W. TOZER

*Não há pânico no Céu. Deus não tem problemas, apenas planos.* —CORRIE TEN BOOM

...é nas pequenas tarefas do dia a dia que a magnífica divindade de Jesus Cristo se apresenta. —OSWALD CHAMBERS

*A humildade verdadeira é flor que adorna qualquer jardim.*
—CHARLES H. SPURGEON

## Meu pensamento...

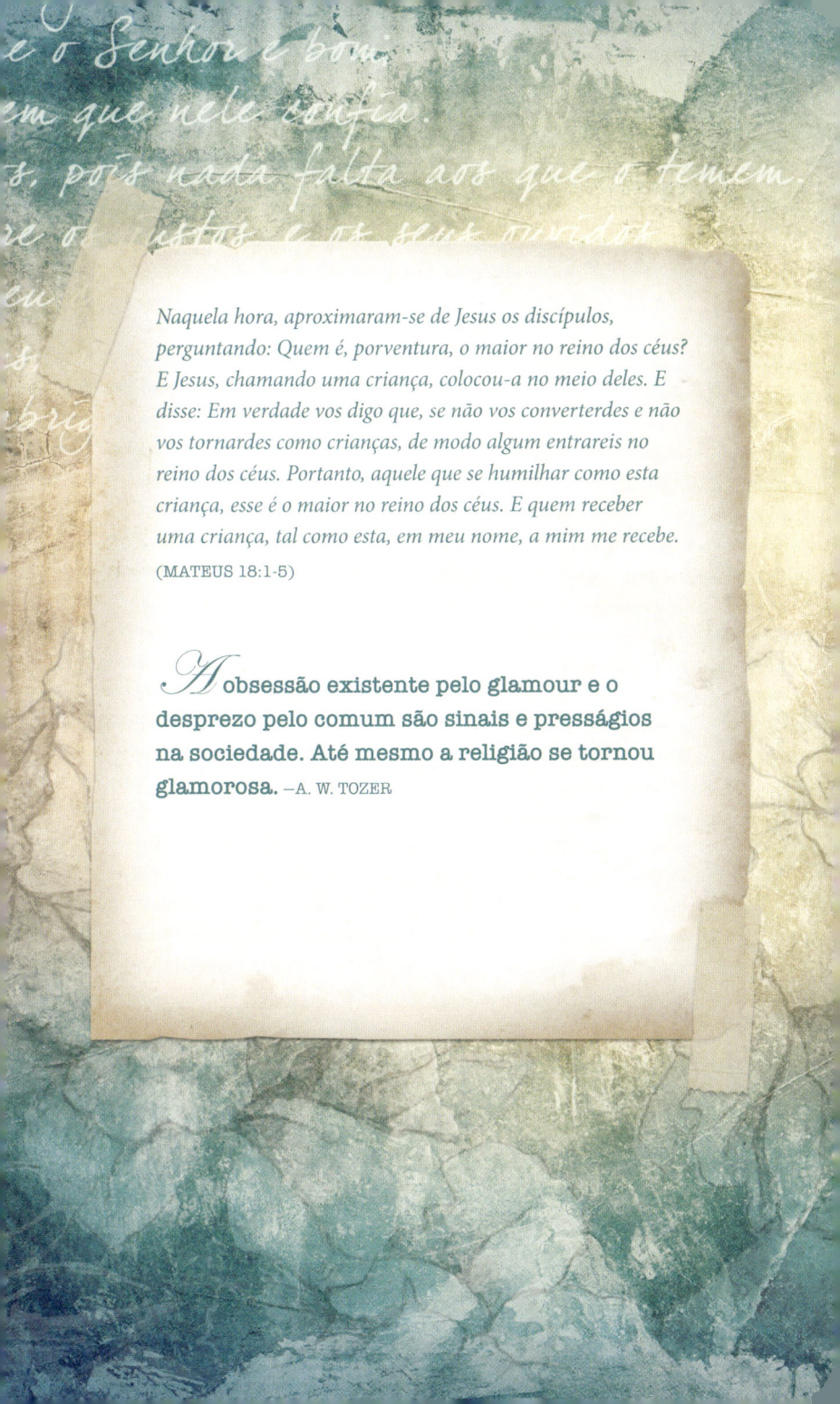

*Naquela hora, aproximaram-se de Jesus os discípulos, perguntando: Quem é, porventura, o maior no reino dos céus? E Jesus, chamando uma criança, colocou-a no meio deles. E disse: Em verdade vos digo que, se não vos converterdes e não vos tornardes como crianças, de modo algum entrareis no reino dos céus. Portanto, aquele que se humilhar como esta criança, esse é o maior no reino dos céus. E quem receber uma criança, tal como esta, em meu nome, a mim me recebe.*
(MATEUS 18:1-5)

A obsessão existente pelo glamour e o desprezo pelo comum são sinais e presságios na sociedade. Até mesmo a religião se tornou glamorosa. —A. W. TOZER

*Quando eu tento, falho. Quando confio, Ele vence.*
—CORRIE TEN BOOM

A atitude de um filho de Deus deveria ser sempre: "Fala, porque o Teu servo ouve". —OSWALD CHAMBERS

Aquele que quiser conhecer o amor, que se retire para o Calvário e veja o Homem de dores morrer. —CHARLES H. SPURGEON

*O* Senhor sentirá o cheiro do incenso de suas elevadas intenções mesmo quando as preocupações da vida forem intensas e houver muita agitação ao seu redor. —A. W. TOZER

*O primeiro passo no caminho da vitória é conhecer o inimigo.* —CORRIE TEN BOOM

A minha vida de serviço a Deus é a minha maneira de agradecer-lhe por Sua inexprimível e maravilhosa salvação.
—OSWALD CHAMBERS

## Meu pensamento...

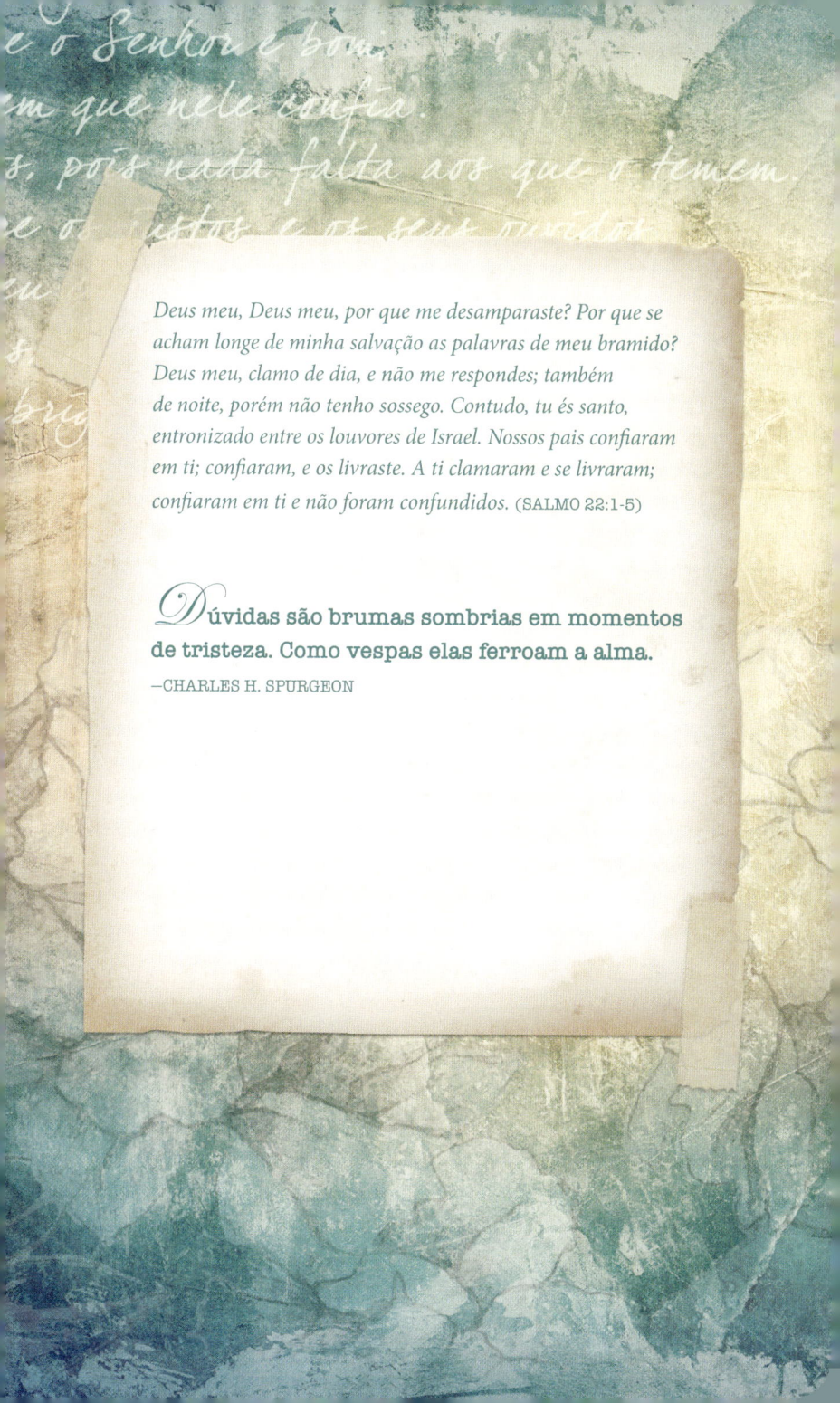

*Deus meu, Deus meu, por que me desamparaste? Por que se acham longe de minha salvação as palavras de meu bramido? Deus meu, clamo de dia, e não me respondes; também de noite, porém não tenho sossego. Contudo, tu és santo, entronizado entre os louvores de Israel. Nossos pais confiaram em ti; confiaram, e os livraste. A ti clamaram e se livraram; confiaram em ti e não foram confundidos.* (SALMO 22:1-5)

𝒟úvidas são brumas sombrias em momentos de tristeza. Como vespas elas ferroam a alma.
—CHARLES H. SPURGEON

Colocar [o Senhor Jesus] na cruz não extraiu nada de Sua afeição divina pela raça perdida. —A. W. TOZER

*J*esus é o Vencedor. O Calvário é o local da vitória. A obediência é o caminho da vitória; o estudo da Bíblia e a oração, a preparação da vitória. —CORRIE TEN BOOM

*S*e tomarmos a iniciativa para a superação, descobriremos que temos a inspiração de Deus... —OSWALD CHAMBERS

...pode ser noite na alma, mas não há necessidade de terror, pois o Deus de amor não muda. —CHARLES H. SPURGEON

*O Deus que se revelou a homens carentes quer que saibamos que quando o temos, temos tudo — temos todo o restante.*
—A. W. TOZER

*Quem é o que vence o mundo senão aquele que crê que Jesus é o Filho de Deus?* —CORRIE TEN BOOM

## Meu pensamento...

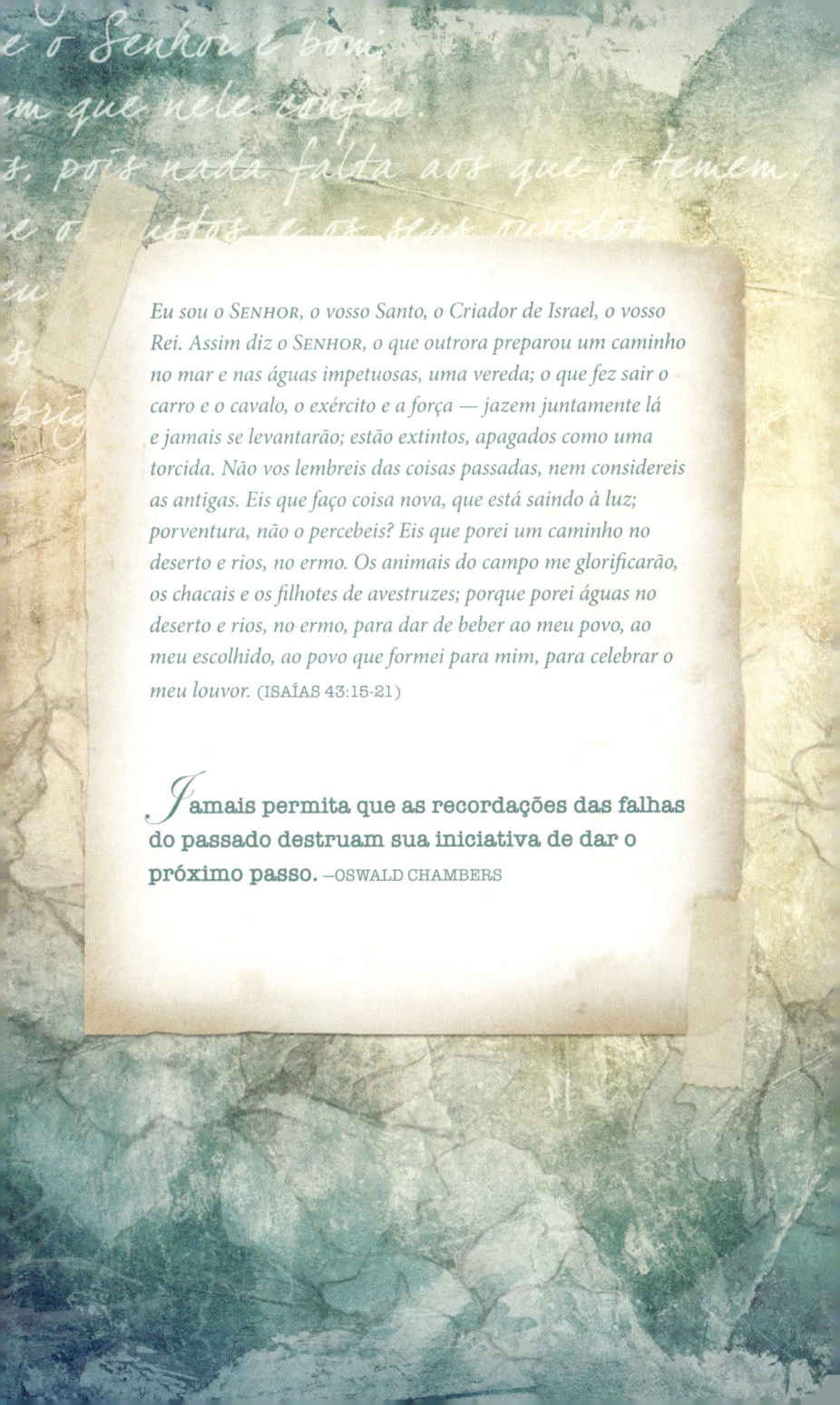

*Eu sou o Senhor, o vosso Santo, o Criador de Israel, o vosso Rei. Assim diz o Senhor, o que outrora preparou um caminho no mar e nas águas impetuosas, uma vereda; o que fez sair o carro e o cavalo, o exército e a força — jazem juntamente lá e jamais se levantarão; estão extintos, apagados como uma torcida. Não vos lembreis das coisas passadas, nem considereis as antigas. Eis que faço coisa nova, que está saindo à luz; porventura, não o percebeis? Eis que porei um caminho no deserto e rios, no ermo. Os animais do campo me glorificarão, os chacais e os filhotes de avestruzes; porque porei águas no deserto e rios, no ermo, para dar de beber ao meu povo, ao meu escolhido, ao povo que formei para mim, para celebrar o meu louvor.* (ISAÍAS 43:15-21)

**Jamais permita que as recordações das falhas do passado destruam sua iniciativa de dar o próximo passo.** —OSWALD CHAMBERS

> Se não içarmos a vela quando a brisa está favorável, seremos condenáveis... —CHARLES H. SPURGEON

...Jesus não ensinou às multidões como se elas fossem um aglomerado sem rostos. Ele pregava conhecendo os fardos e as necessidades de cada um. —A. W. TOZER

Não faça nada que não gostaria de estar fazendo quando Jesus voltar. Não vá a nenhum lugar em que não gostaria de estar quando Ele retornar. —CORRIE TEN BOOM

*Divagar diante do que Deus já ordenou é uma indicação de que não confiamos nele.* —OSWALD CHAMBERS

> 𝒮em sabedoria, o homem é como um potro selvagem, correndo de um lado para outro, desperdiçando força...
> —CHARLES H. SPURGEON

Deus não se curvou à nossa precipitação agitada, nem adotou os métodos dessa era de máquinas [...]. O homem que deseja conhecer a Deus deve dar-lhe tempo. —A. W. TOZER

## Meu pensamento...

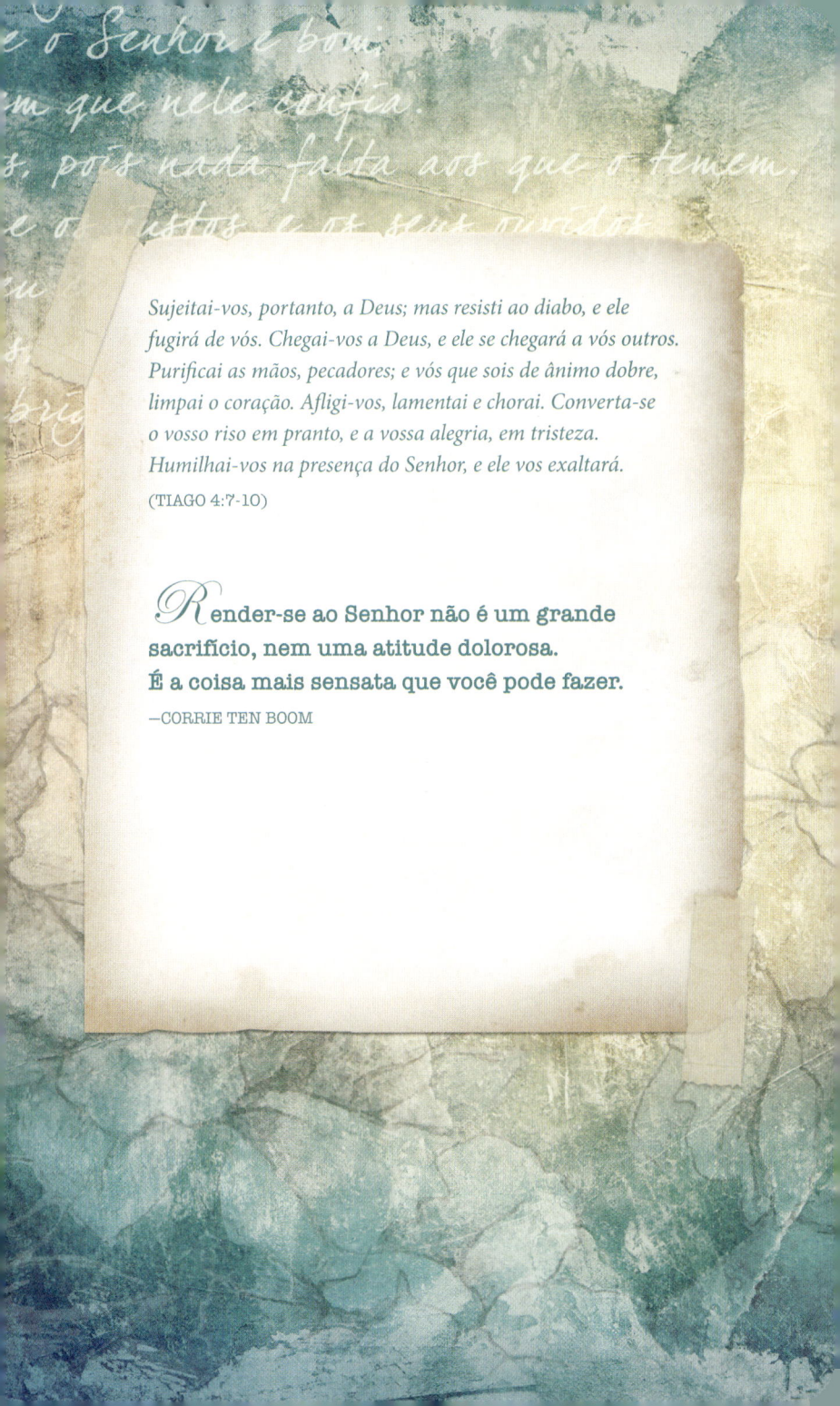

*Sujeitai-vos, portanto, a Deus; mas resisti ao diabo, e ele fugirá de vós. Chegai-vos a Deus, e ele se chegará a vós outros. Purificai as mãos, pecadores; e vós que sois de ânimo dobre, limpai o coração. Afligi-vos, lamentai e chorai. Converta-se o vosso riso em pranto, e a vossa alegria, em tristeza. Humilhai-vos na presença do Senhor, e ele vos exaltará.*

(TIAGO 4:7-10)

Render-se ao Senhor não é um grande sacrifício, nem uma atitude dolorosa. É a coisa mais sensata que você pode fazer.

—CORRIE TEN BOOM

Toda esperança ou sonho da mente humana será satisfeito se for nobre e divino. —OSWALD CHAMBERS

> Quando este mundo se dissolver como um sonho, nossa morada permanecerá e se erguerá mais imperialmente do que o mármore [...], pois ela é o próprio Deus. —CHARLES H. SPURGEON

...há um tipo de escola que a alma deve frequentar para aprender suas melhores lições eternas. É a escola do silêncio.
—A. W. TOZER

*Que alegria é a Bíblia nos revelar que o melhor e mais reconfortante acontecimento ainda está por vir. Nossa visão vai além deste mundo.* —CORRIE TEN BOOM

...a submissão a Jesus é capaz de quebrar todos os tipos de escravidão na vida de qualquer pessoa. —OSWALD CHAMBERS

*Não podemos hesitar em ir aonde Jeová promete a Sua presença; mesmo o vale da sombra da morte se ilumina com o esplendor dessa garantia.* —CHARLES H. SPURGEON

## Meu pensamento...

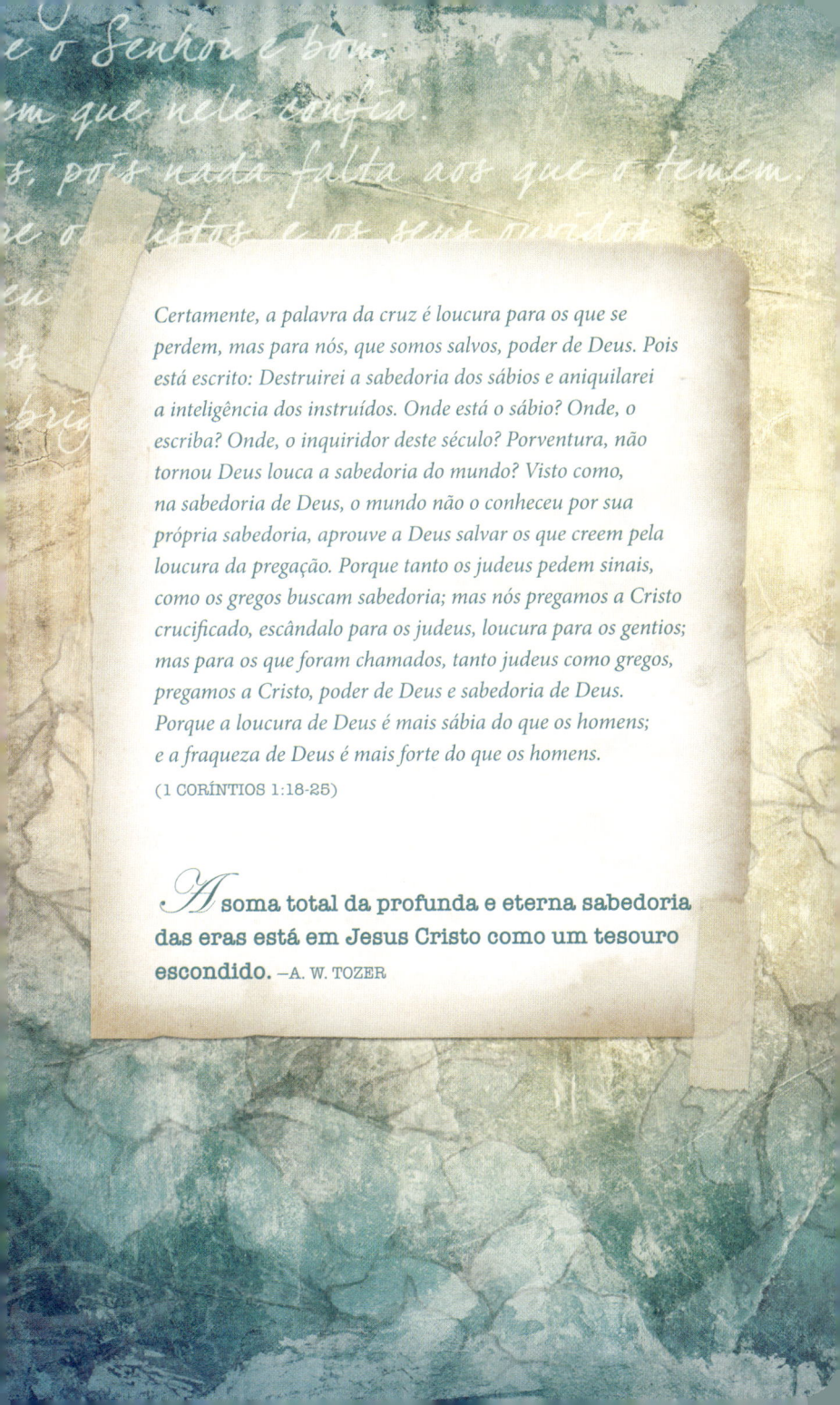

Certamente, a palavra da cruz é loucura para os que se perdem, mas para nós, que somos salvos, poder de Deus. Pois está escrito: Destruirei a sabedoria dos sábios e aniquilarei a inteligência dos instruídos. Onde está o sábio? Onde, o escriba? Onde, o inquiridor deste século? Porventura, não tornou Deus louca a sabedoria do mundo? Visto como, na sabedoria de Deus, o mundo não o conheceu por sua própria sabedoria, aprouve a Deus salvar os que creem pela loucura da pregação. Porque tanto os judeus pedem sinais, como os gregos buscam sabedoria; mas nós pregamos a Cristo crucificado, escândalo para os judeus, loucura para os gentios; mas para os que foram chamados, tanto judeus como gregos, pregamos a Cristo, poder de Deus e sabedoria de Deus. Porque a loucura de Deus é mais sábia do que os homens; e a fraqueza de Deus é mais forte do que os homens.

(1 CORÍNTIOS 1:18-25)

*A* soma total da profunda e eterna sabedoria das eras está em Jesus Cristo como um tesouro escondido. —A. W. TOZER

Jesus o ama tanto, que se você fosse o único habitante do mundo, ainda assim Ele ainda teria se disposto a morrer por você na cruz. —CORRIE TEN BOOM

*Meu valor para Deus é medido publicamente pelo que realmente sou em minha vida particular.* —OSWALD CHAMBERS

*Discípulos inconsistentes ferem o evangelho mais do que críticos sarcásticos ou infiéis.* —CHARLES H. SPURGEON

Não consigo entender como alguém pode professar ser seguidor e discípulo de nosso Senhor Jesus Cristo e não ficar fascinado por Seus atributos. —A. W. TOZER

O perdão é a chave que abre as portas do ressentimento e as algemas do ódio. Ele quebra as correntes da amargura e os grilhões do egoísmo. —CORRIE TEN BOOM

*Deus jamais abre as portas que já foram fechadas. Ele abre outras portas...* —OSWALD CHAMBERS

## Meu pensamento...

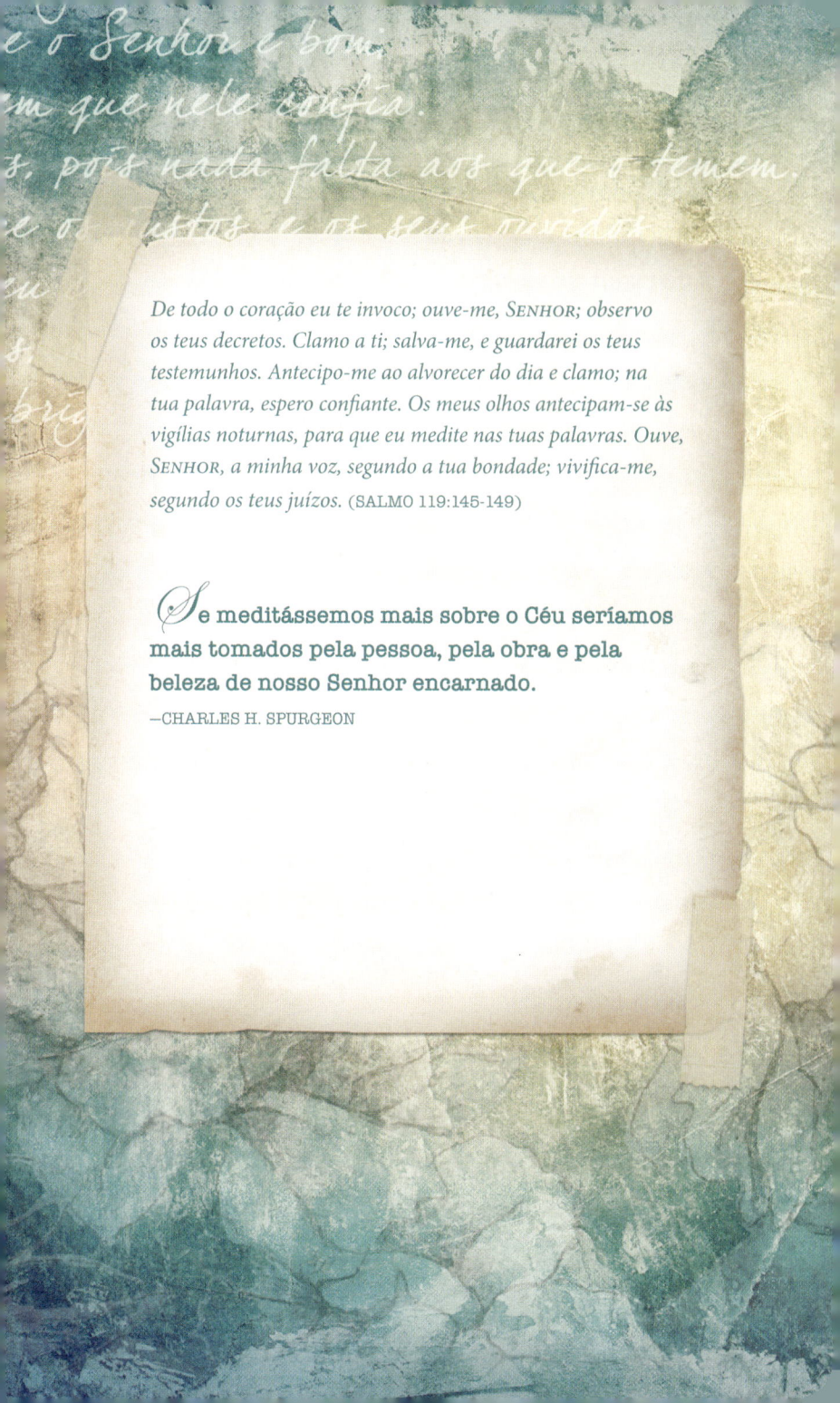

*De todo o coração eu te invoco; ouve-me, Senhor; observo os teus decretos. Clamo a ti; salva-me, e guardarei os teus testemunhos. Antecipo-me ao alvorecer do dia e clamo; na tua palavra, espero confiante. Os meus olhos antecipam-se às vigílias noturnas, para que eu medite nas tuas palavras. Ouve, Senhor, a minha voz, segundo a tua bondade; vivifica-me, segundo os teus juízos.* (SALMO 119:145-149)

*S*e meditássemos mais sobre o Céu seríamos mais tomados pela pessoa, pela obra e pela beleza de nosso Senhor encarnado.

—CHARLES H. SPURGEON

...a pessoa mais sábia no mundo é aquela que conhece mais sobre Deus — que percebe que a resposta à criação, à vida e à eternidade é uma resposta teológica e não científica. —A. W. TOZER

*Somos cidadãos do Céu. Nosso olhar vai além desse mundo.*
—CORRIE TEN BOOM

Toda a sua vida deveria ser caracterizada por um desejo inesgotável de manter inquebrável a comunhão e a unidade com Deus. —OSWALD CHAMBERS

*Quão rica é a graça que nos supre tão continuamente e não se detém por causa de nossa ingratidão.* —CHARLES H. SPURGEON

A Bíblia [...]. É a voz de Deus chamando os homens de volta para casa, para longe do deserto do pecado; é o mapa para pródigos regressarem. —A. W. TOZER

*O amor não é líquido como a água; ele é sólido como a rocha, na qual as ondas do ódio batem inutilmente.* —CORRIE TEN BOOM

## Meu pensamento...

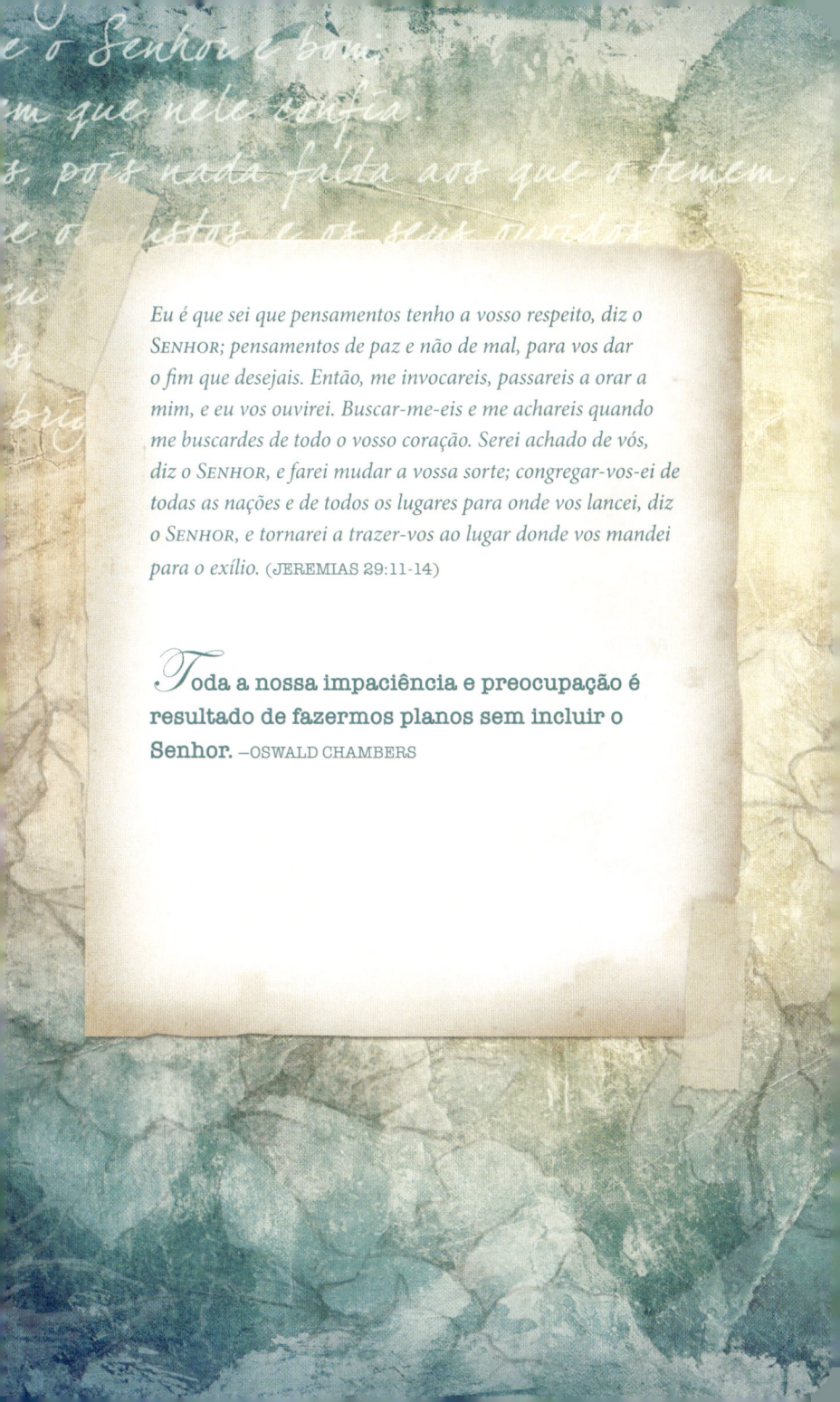

*Eu é que sei que pensamentos tenho a vosso respeito, diz o* S ENHOR*; pensamentos de paz e não de mal, para vos dar o fim que desejais. Então, me invocareis, passareis a orar a mim, e eu vos ouvirei. Buscar-me-eis e me achareis quando me buscardes de todo o vosso coração. Serei achado de vós, diz o* S ENHOR*, e farei mudar a vossa sorte; congregar-vos-ei de todas as nações e de todos os lugares para onde vos lancei, diz o* S ENHOR*, e tornarei a trazer-vos ao lugar donde vos mandei para o exílio.* (JEREMIAS 29:11-14)

Toda a nossa impaciência e preocupação é resultado de fazermos planos sem incluir o Senhor. —OSWALD CHAMBERS

*Nosso Senhor Jesus nos ensinou a não cobiçar os lugares mais elevados, mas nos dispormos a sermos os menores entre os irmãos.* —CHARLES H. SPURGEON

*Que momento feliz quando somos atraídos para fora de nós mesmos, e nesse vazio entra rapidamente a bendita Presença!*
—A. W. TOZER

O grande potencial do amor e poder de Deus está disponível para nós, mesmo nas situações mais triviais da vida diária.
—CORRIE TEN BOOM

*A simplicidade é o segredo para se enxergar todas as coisas com clareza.* —OSWALD CHAMBERS

> Aquele cuja vida é um caminho plano e sereno verá pouquíssimo da glória do Senhor, pois tem poucos momentos de autoesvaziamento e, consequentemente, terá pouca condição de ser cheio com a revelação de Deus. —CHARLES H. SPURGEON

*Nesta geração, a sua geração, dê a Deus todo o seu amor, toda a sua devoção. Você não sabe qual segredo santo e feliz Deus pode querer sussurrar ao coração que é submisso.*
—A. W. TOZER

## Meu pensamento...

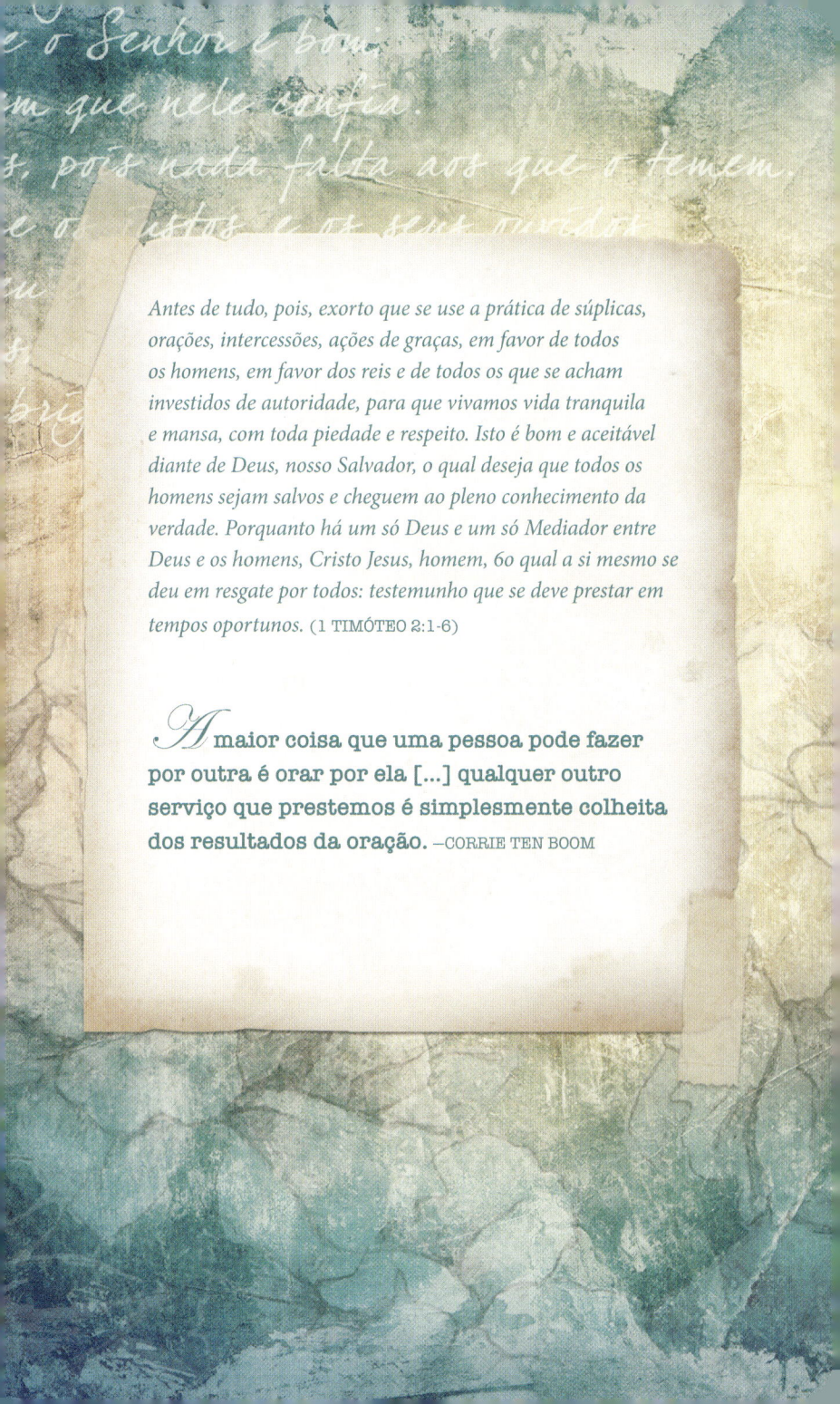

*Antes de tudo, pois, exorto que se use a prática de súplicas, orações, intercessões, ações de graças, em favor de todos os homens, em favor dos reis e de todos os que se acham investidos de autoridade, para que vivamos vida tranquila e mansa, com toda piedade e respeito. Isto é bom e aceitável diante de Deus, nosso Salvador, o qual deseja que todos os homens sejam salvos e cheguem ao pleno conhecimento da verdade. Porquanto há um só Deus e um só Mediador entre Deus e os homens, Cristo Jesus, homem, 6o qual a si mesmo se deu em resgate por todos: testemunho que se deve prestar em tempos oportunos.* (1 TIMÓTEO 2:1-6)

A maior coisa que uma pessoa pode fazer por outra é orar por ela [...] qualquer outro serviço que prestemos é simplesmente colheita dos resultados da oração. —CORRIE TEN BOOM

"Você continua do lado de Jesus? [...] O trajeto é solitário e vai até não restar mais um vestígio de pegada a seguir — apenas a voz dizendo: "Segue-me!" (Mateus 4.19). —OSWALD CHAMBERS

*Precisamos apenas nos assentar mais continuamente aos pés da cruz para sermos menos perturbados com nossas dúvidas e angústias.* —CHARLES H. SPURGEON

A menos que cheguemos nesse lugar de convicção e dor a respeito de nosso pecado, não sei quão profundo e real nosso arrependimento será. —A. W. TOZER

*Para* ter a diretriz de Deus, você precisa se afastar definitivamente de outras formas de orientação. A direção é algo que precisamos pedir e desejar. —CORRIE TEN BOOM

A verdadeira expressão do caráter cristão não é fazer o bem, mas fazê-lo à maneira de Deus. —OSWALD CHAMBERS

...se por algum tempo você for chamado para aquietar-se, isso será para renovar suas forças para algum progresso maior, no devido tempo. —CHARLES H. SPURGEON

## Meu pensamento...

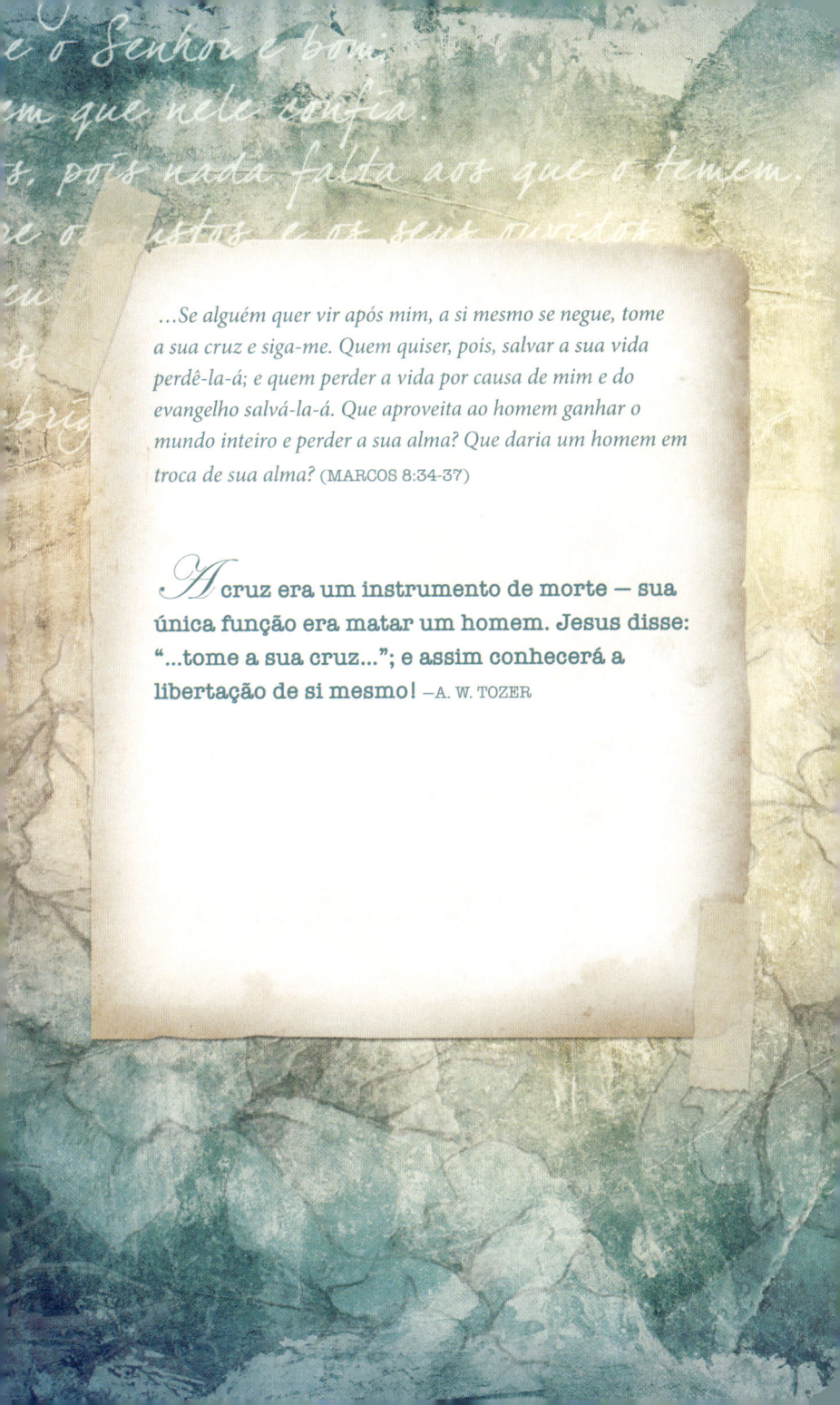

...Se alguém quer vir após mim, a si mesmo se negue, tome a sua cruz e siga-me. Quem quiser, pois, salvar a sua vida perdê-la-á; e quem perder a vida por causa de mim e do evangelho salvá-la-á. Que aproveita ao homem ganhar o mundo inteiro e perder a sua alma? Que daria um homem em troca de sua alma? (MARCOS 8:34-37)

A cruz era um instrumento de morte — sua única função era matar um homem. Jesus disse: "...tome a sua cruz..."; e assim conhecerá a libertação de si mesmo! —A. W. TOZER

...é mais importante o que Deus pensa acerca do trabalho que você faz, do que aquilo que você mesmo ou as outras pessoas pensam. —CORRIE TEN BOOM

*Jamais seja indiferente a uma convicção que o Espírito Santo colocar em você.* —OSWALD CHAMBERS

Tenha cuidado para que sua fé seja do tipo certo — que não seja uma mera crença em doutrinas, mas uma fé simples, dependente de Cristo, e somente dele. —CHARLES H. SPURGEON

*Os gigantes espirituais da antiguidade foram aqueles que, em algum ponto, passaram a ser intensamente conscientes da presença de Deus e mantiveram essa consciência por toda a sua vida.* —A. W. TOZER

Assim como o camelo se ajoelha diante de seu mestre para que este remova sua carga no final do dia, você também deve se ajoelhar diante do Mestre para que Ele retire seu fardo.
—CORRIE TEN BOOM

*A verdadeira marca do santo é a capacidade de abrir mão dos próprios direitos e obedecer ao Senhor Jesus.*
—OSWALD CHAMBERS

## Meu pensamento...

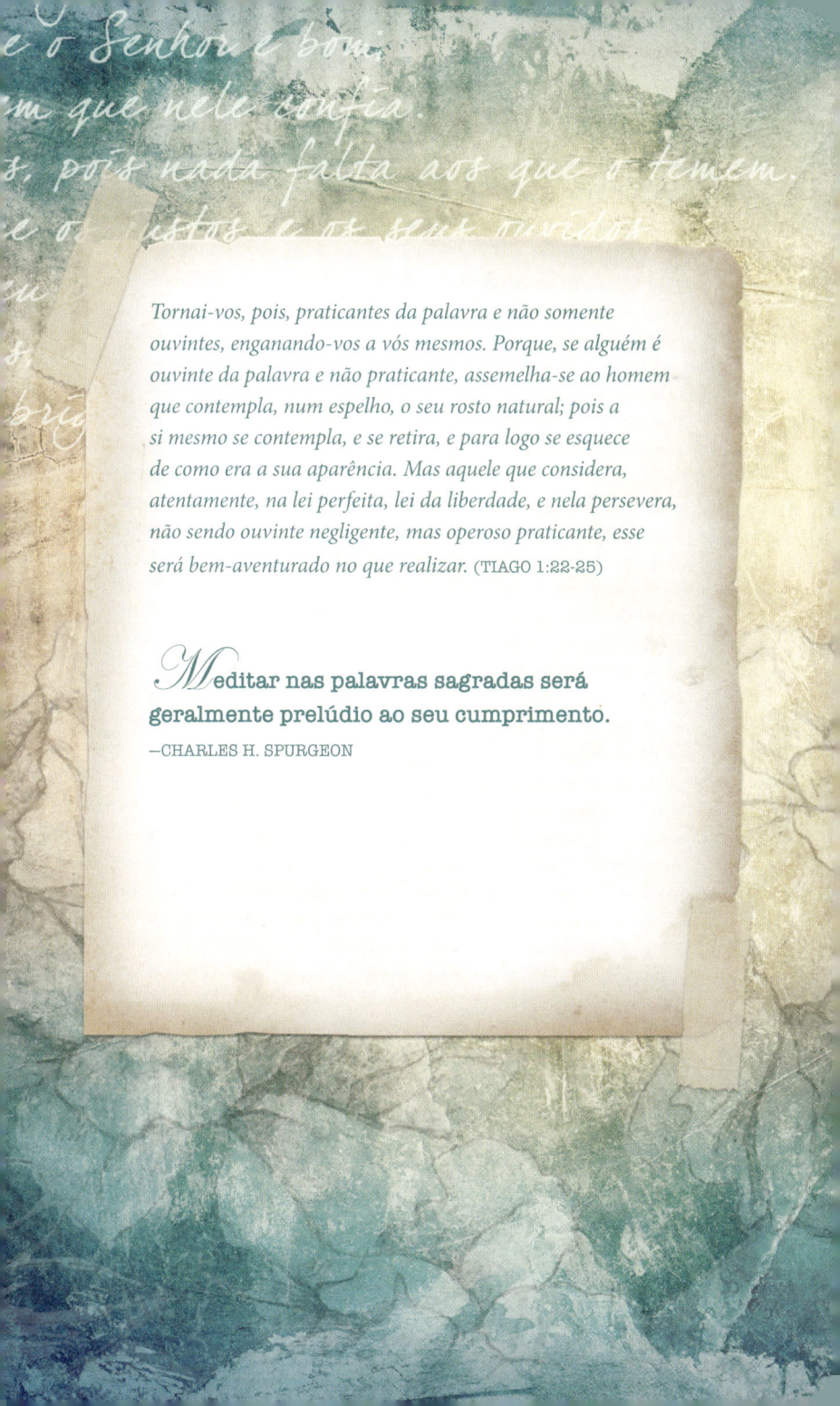

*Tornai-vos, pois, praticantes da palavra e não somente ouvintes, enganando-vos a vós mesmos. Porque, se alguém é ouvinte da palavra e não praticante, assemelha-se ao homem que contempla, num espelho, o seu rosto natural; pois a si mesmo se contempla, e se retira, e para logo se esquece de como era a sua aparência. Mas aquele que considera, atentamente, na lei perfeita, lei da liberdade, e nela persevera, não sendo ouvinte negligente, mas operoso praticante, esse será bem-aventurado no que realizar.* (TIAGO 1:22-25)

Meditar nas palavras sagradas será geralmente prelúdio ao seu cumprimento.
—CHARLES H. SPURGEON

*Felizmente, a manhã da ressurreição foi apenas o começo de uma grande conquista que nunca acabou — e não acabará até que nosso Senhor Jesus Cristo volte!* —A. W. TOZER

*O que realmente conta, se você é um cristão, não é o que você foi, mas o que é agora.* —CORRIE TEN BOOM

É no lugar da humilhação que encontramos nosso verdadeiro valor para Deus — é ali que nossa fidelidade é revelada. —OSWALD CHAMBERS

...para receber precisamos dar; para acumular, precisamos espalhar; para ser feliz, precisamos fazer outros felizes; e para nos tornar espiritualmente vigorosos precisamos buscar o bem espiritual de outros. —CHARLES H. SPURGEON

> Longe de serem um luxo opcional em nossa vida cristã, a presença e o poder do Espírito Santo são uma necessidade!
> —A. W. TOZER

*H*á quatro marcas do verdadeiro arrependimento: o reconhecimento do erro, o desejo de confessá-lo, a vontade de abandoná-lo e a disposição de restituir. —CORRIE TEN BOOM

## Meu pensamento...

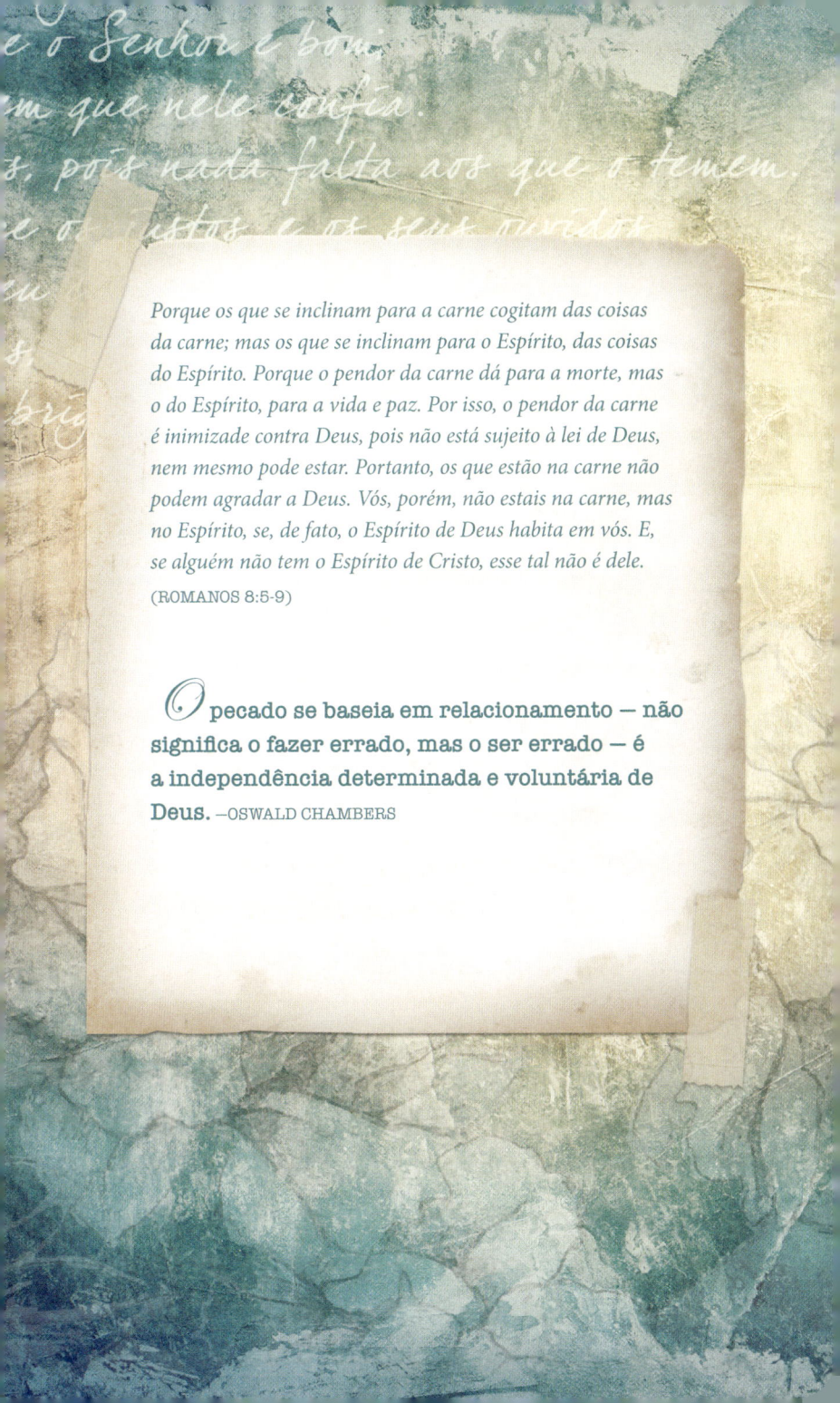

*Porque os que se inclinam para a carne cogitam das coisas da carne; mas os que se inclinam para o Espírito, das coisas do Espírito. Porque o pendor da carne dá para a morte, mas o do Espírito, para a vida e paz. Por isso, o pendor da carne é inimizade contra Deus, pois não está sujeito à lei de Deus, nem mesmo pode estar. Portanto, os que estão na carne não podem agradar a Deus. Vós, porém, não estais na carne, mas no Espírito, se, de fato, o Espírito de Deus habita em vós. E, se alguém não tem o Espírito de Cristo, esse tal não é dele.*
(ROMANOS 8:5-9)

O pecado se baseia em relacionamento — não significa o fazer errado, mas o ser errado — é a independência determinada e voluntária de Deus. —OSWALD CHAMBERS

Meu Mestre tem riquezas que vão além dos cálculos aritméticos, das medidas da razão, dos sonhos da imaginação ou da eloquência das palavras. São insondáveis!
—CHARLES H. SPURGEON

Não esqueçamos jamais que as promessas de Deus são feitas aos humildes: o homem orgulhoso, por seu orgulho, é privado de todas as bênçãos prometidas ao coração humilde...
—A. W. TOZER

A fé é a mão do mendigo aceitando o presente do rei. A vida eterna é um dom gratuito. —CORRIE TEN BOOM

*Todas as verdades reveladas de Deus estão seladas até que se descortinem para nós por meio da obediência.*
—OSWALD CHAMBERS

"Em pouco tempo o salgueiro-chorão será trocado pela palmeira da vitória, e as gotas de orvalho da tristeza serão transformadas em pérolas de felicidade eterna."
—CHARLES H. SPURGEON

A ética de Jesus não pode ser obedecida ou até mesmo compreendida até que a vida de Deus adentre o coração de um homem ou mulher no milagre do novo nascimento. —A. W. TOZER

## Meu pensamento...

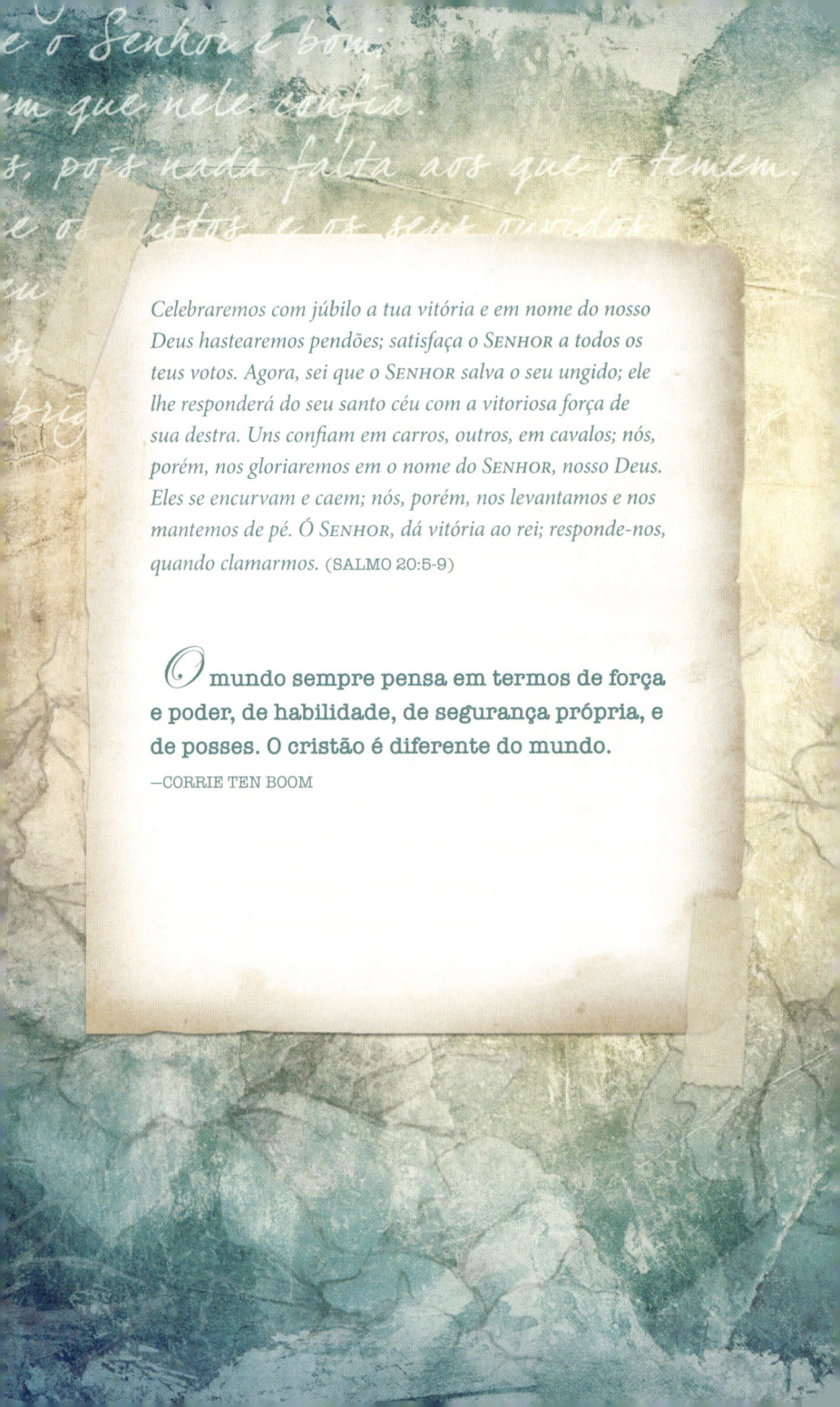

*Celebraremos com júbilo a tua vitória e em nome do nosso Deus hastearemos pendões; satisfaça o Senhor a todos os teus votos. Agora, sei que o Senhor salva o seu ungido; ele lhe responderá do seu santo céu com a vitoriosa força de sua destra. Uns confiam em carros, outros, em cavalos; nós, porém, nos gloriaremos em o nome do Senhor, nosso Deus. Eles se encurvam e caem; nós, porém, nos levantamos e nos mantemos de pé. Ó Senhor, dá vitória ao rei; responde-nos, quando clamarmos.* (SALMO 20:5-9)

O mundo sempre pensa em termos de força e poder, de habilidade, de segurança própria, e de posses. O cristão é diferente do mundo.
—CORRIE TEN BOOM

Se você estiver passando por um período desencorajador, há um período de intenso crescimento pessoal à sua frente.
—OSWALD CHAMBERS

A fé deve ser forte, ou o amor não será fervoroso; a raiz da flor deve ser saudável, ou não podemos esperar que a floração seja perfumada. A fé é a raiz do lírio e o amor é a flor.
—CHARLES H. SPURGEON

A verdadeira adoração deve ser uma atitude constante e consistente ou um estado de mente no íntimo do cristão, um reconhecimento firme e bendito de amor e admiração. —A. W. TOZER

*Deus nos dá o dom da fé, e depois a fé é provada por Ele.*
—CORRIE TEN BOOM

A verdadeira prova do caráter e da vida espiritual de alguém não é o que ele faz em momentos extraordinários da vida, mas o que faz durante os momentos do cotidiano em que não há nada de tremendo ou empolgante acontecendo. —OSWALD CHAMBERS

*Em todos os momentos deveríamos entregar nosso tudo às mãos fiéis de Jesus; e ainda que a vida possa estar presa por um fio e as adversidades se multipliquem como a areia do mar, nossa alma permanecerá tranquila...* —CHARLES H. SPURGEON

## Meu pensamento...

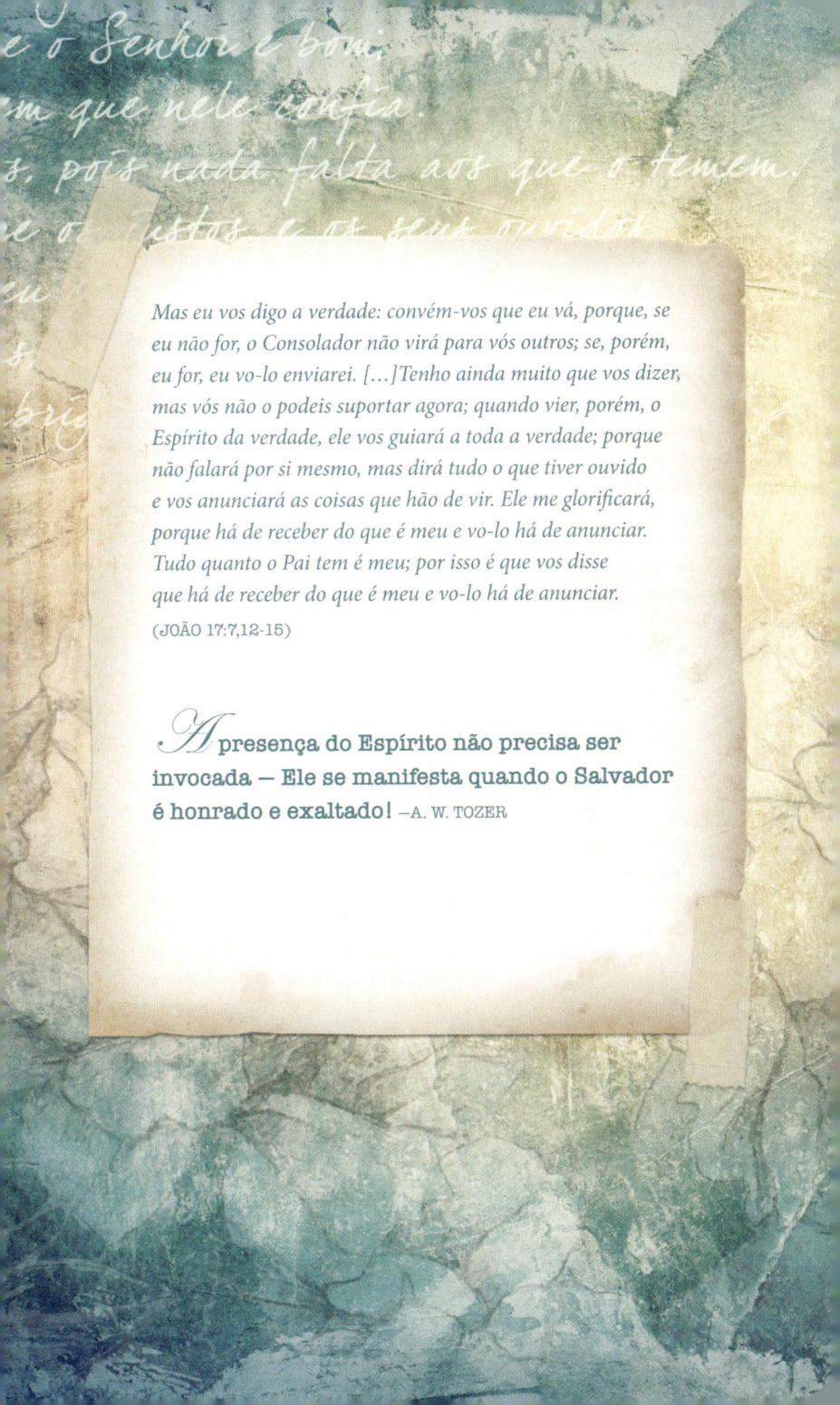

*Mas eu vos digo a verdade: convém-vos que eu vá, porque, se eu não for, o Consolador não virá para vós outros; se, porém, eu for, eu vo-lo enviarei. [...] Tenho ainda muito que vos dizer, mas vós não o podeis suportar agora; quando vier, porém, o Espírito da verdade, ele vos guiará a toda a verdade; porque não falará por si mesmo, mas dirá tudo o que tiver ouvido e vos anunciará as coisas que hão de vir. Ele me glorificará, porque há de receber do que é meu e vo-lo há de anunciar. Tudo quanto o Pai tem é meu; por isso é que vos disse que há de receber do que é meu e vo-lo há de anunciar.*

(JOÃO 17:7,12-15)

A presença do Espírito não precisa ser invocada — Ele se manifesta quando o Salvador é honrado e exaltado! —A. W. TOZER

*O* melhor lugar do mundo para pregar o evangelho é o seu lar. Mas até que sua família veja em você o resultado do que está falando, eles nunca ouvirão sua palavra. —CORRIE TEN BOOM

*A* oração não nos equipa para obras maiores — a oração é a **obra maior.** —OSWALD CHAMBERS

A conformidade com o mundo, em qualquer grau, é uma armadilha para a alma e aumenta mais e mais a propensão a pecados insolentes. —CHARLES H. SPURGEON

*O* Cristo que conhecemos e servimos está infinitamente além de todos os homens, de todos os anjos e todos os arcanjos; acima de todos os principados, poderes e domínios, visíveis e invisíveis — pois Ele é a origem de todos! —A. W. TOZER

A realidade que vemos pela fé é mais importante do que os resultados de nosso pensamento lógico. —CORRIE TEN BOOM

*Deus não deve respeito a nada que lhe trazemos. Há somente uma coisa que Ele quer de nós — nossa rendição incondicional.* —OSWALD CHAMBERS

## Meu pensamento...

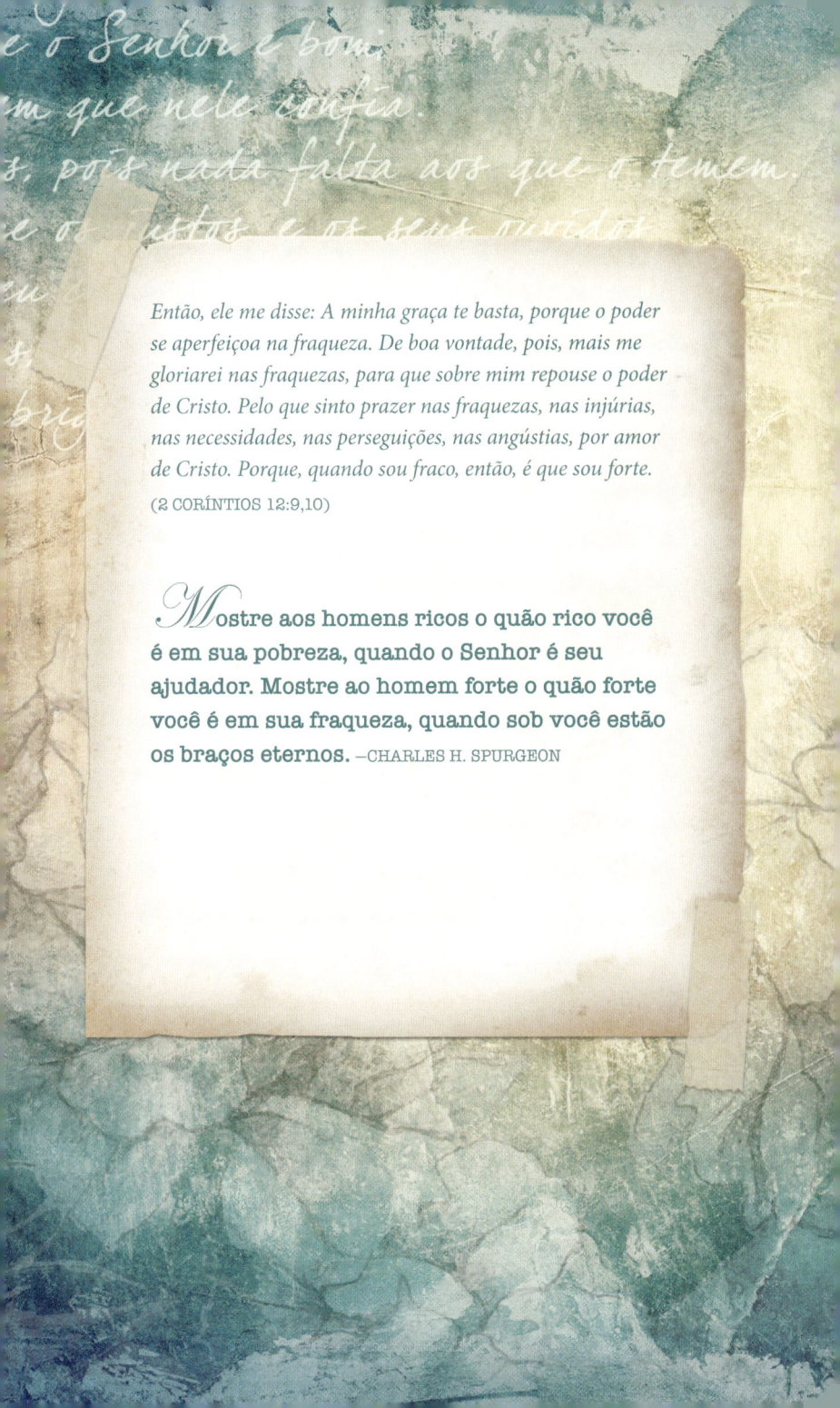

*Então, ele me disse: A minha graça te basta, porque o poder se aperfeiçoa na fraqueza. De boa vontade, pois, mais me gloriarei nas fraquezas, para que sobre mim repouse o poder de Cristo. Pelo que sinto prazer nas fraquezas, nas injúrias, nas necessidades, nas perseguições, nas angústias, por amor de Cristo. Porque, quando sou fraco, então, é que sou forte.*
(2 CORÍNTIOS 12:9,10)

Mostre aos homens ricos o quão rico você é em sua pobreza, quando o Senhor é seu ajudador. Mostre ao homem forte o quão forte você é em sua fraqueza, quando sob você estão os braços eternos. —CHARLES H. SPURGEON

Quando vivemos para o Senhor e vivemos para o agradar e honrar, tomar o café da manhã pode ser tão espiritual quanto as orações em família. —A. W. TOZER

Quando um cristão se afasta da comunhão com outros cristãos, o diabo fica feliz. Quando esse cristão deixa de ler a Bíblia, o diabo dá gargalhadas. Quando o cristão para de orar, o diabo brada de alegria. —CORRIE TEN BOOM

A fé em ativa oposição à razão é entusiasmo equivocado e falta de entendimento. A razão em oposição à fé demonstra uma dependência equivocada do senso comum como fundamento da verdade. —OSWALD CHAMBERS

*Os homens podem se afogar em mares de prosperidade assim como em rios de angústia.* —CHARLES H. SPURGEON

Todo homem em uma sociedade livre deve decidir se aproveitará a sua liberdade ou se a restringirá para fins morais e inteligentes. —A. W. TOZER

*Não tente resolver os problemas do mundo em sua mente. Você não pode fazer que ovos quebrados fiquem inteiros novamente.* —CORRIE TEN BOOM

## Meu pensamento...

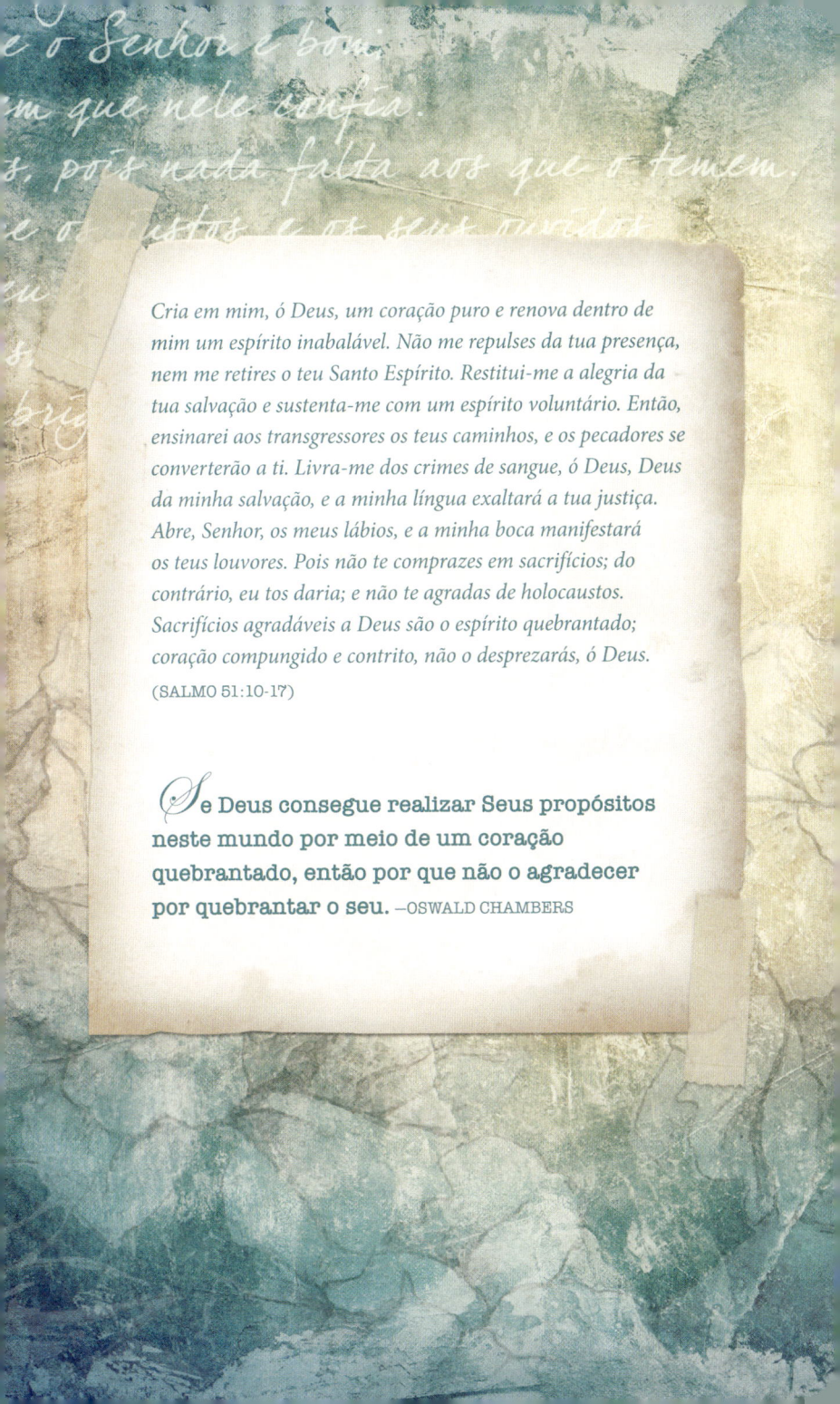

*Cria em mim, ó Deus, um coração puro e renova dentro de mim um espírito inabalável. Não me repulses da tua presença, nem me retires o teu Santo Espírito. Restitui-me a alegria da tua salvação e sustenta-me com um espírito voluntário. Então, ensinarei aos transgressores os teus caminhos, e os pecadores se converterão a ti. Livra-me dos crimes de sangue, ó Deus, Deus da minha salvação, e a minha língua exaltará a tua justiça. Abre, Senhor, os meus lábios, e a minha boca manifestará os teus louvores. Pois não te comprazes em sacrifícios; do contrário, eu tos daria; e não te agradas de holocaustos. Sacrifícios agradáveis a Deus são o espírito quebrantado; coração compungido e contrito, não o desprezarás, ó Deus.*
(SALMO 51:10-17)

Se Deus consegue realizar Seus propósitos neste mundo por meio de um coração quebrantado, então por que não o agradecer por quebrantar o seu. —OSWALD CHAMBERS

𝒫or que tenho tanta curiosidade para saber a razão das providências de meu Senhor, o motivo de Suas ações, os intentos de Suas visitações. Serei, algum dia, capaz de agarrar o sol com os punhos ou segurar o Universo nas palmas das mãos? —CHARLES H. SPURGEON

*Basta* um homem se levantar para declarar o senhorio exclusivo de Jesus Cristo e a necessidade absoluta de obediência a Ele, e será imediatamente rotulado como semeador de discórdia e aquele que separa seus semelhantes.

—A. W. TOZER

A rebelião contra o Espírito Santo cria um vácuo que o diabo tem prazer em preencher. —CORRIE TEN BOOM

As circunstâncias da vida de um santo são estabelecidas por Deus. Na vida de um servo não existe acaso.
—OSWALD CHAMBERS

*Um* cristão deveria brilhar de tal forma em sua vida, que uma pessoa não poderia viver com ele por uma semana sem conhecer o evangelho. —CHARLES H. SPURGEON

Um cristão não pode esperar pela verdadeira manifestação de Deus enquanto vive em estado de desobediência. —A. W. TOZER

## Meu pensamento...

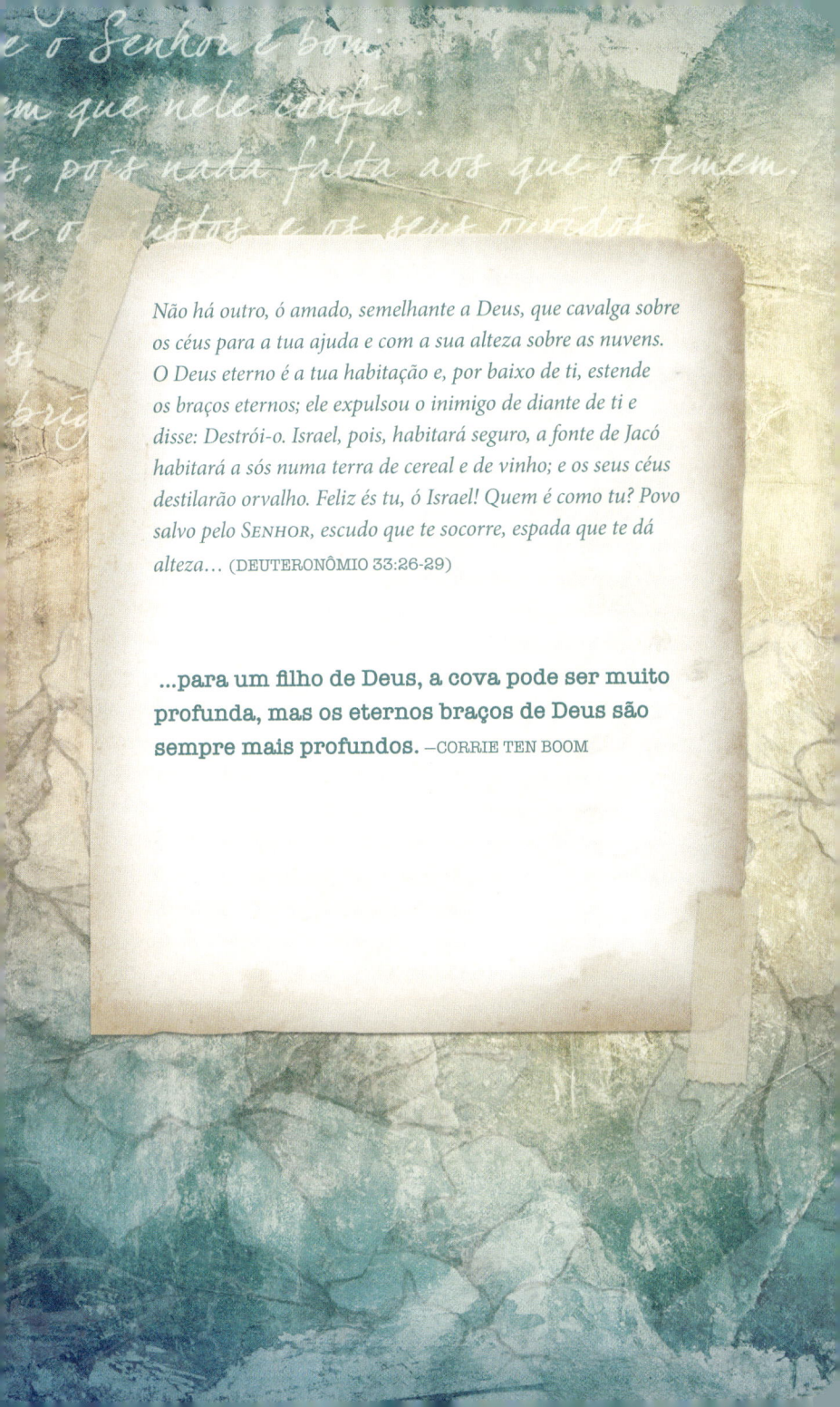

*Não há outro, ó amado, semelhante a Deus, que cavalga sobre os céus para a tua ajuda e com a sua alteza sobre as nuvens. O Deus eterno é a tua habitação e, por baixo de ti, estende os braços eternos; ele expulsou o inimigo de diante de ti e disse: Destrói-o. Israel, pois, habitará seguro, a fonte de Jacó habitará a sós numa terra de cereal e de vinho; e os seus céus destilarão orvalho. Feliz és tu, ó Israel! Quem é como tu? Povo salvo pelo Senhor, escudo que te socorre, espada que te dá alteza...* (DEUTERONÔMIO 33:26-29)

...para um filho de Deus, a cova pode ser muito profunda, mas os eternos braços de Deus são sempre mais profundos. —CORRIE TEN BOOM

**Devemos batalhar integralmente contra nosso humor, sentimento e emoções e levá-los em completa devoção ao Senhor Jesus.** —OSWALD CHAMBERS

Muito amarga é a inimizade do mundo contra o povo de Cristo. Os homens perdoarão milhares de falhas em outros, mas ampliarão a ofensa mais insignificante dos seguidores de Jesus.
—CHARLES H. SPURGEON

Não há maneira de nos convencermos a "ansiar por Deus". O desejo e a fome espiritual devem vir do próprio Deus! Não é algo que pode ser instigado. —A. W. TOZER

*Nada pode colocar uma pessoa tão longe do alcance do diabo quanto a humildade.* —CORRIE TEN BOOM

Todos nós podemos enxergar Deus em coisas excepcionais, mas vê-lo em cada detalhe requer um crescimento da disciplina espiritual. —OSWALD CHAMBERS

*O* Cristo da Bíblia não é corretamente conhecido até que seja experimentado no interior dos cristãos, pois nosso Salvador e Senhor se oferece à experiência humana. —A. W. TOZER

## Meu pensamento...

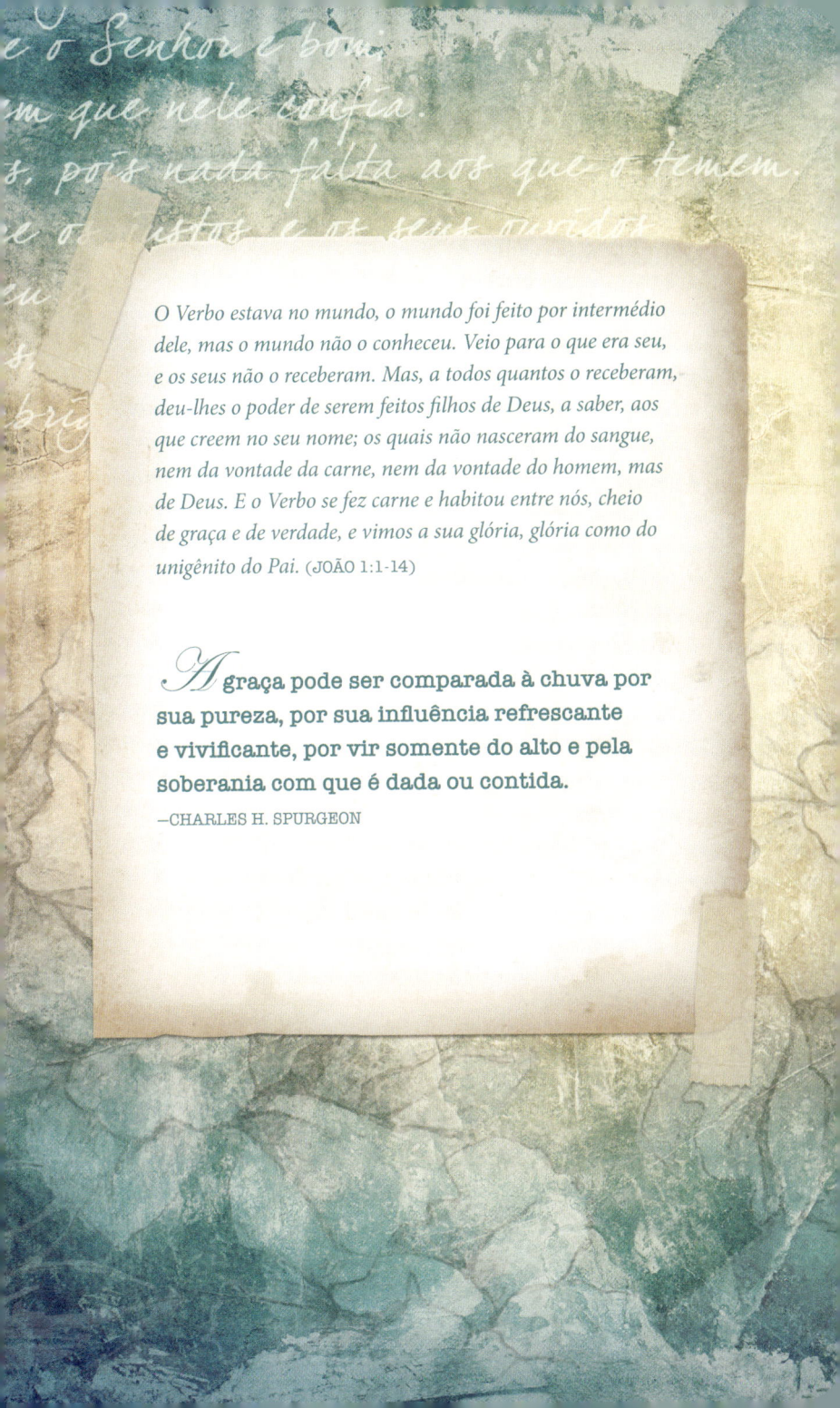

O Verbo estava no mundo, o mundo foi feito por intermédio dele, mas o mundo não o conheceu. Veio para o que era seu, e os seus não o receberam. Mas, a todos quantos o receberam, deu-lhes o poder de serem feitos filhos de Deus, a saber, aos que creem no seu nome; os quais não nasceram do sangue, nem da vontade da carne, nem da vontade do homem, mas de Deus. E o Verbo se fez carne e habitou entre nós, cheio de graça e de verdade, e vimos a sua glória, glória como do unigênito do Pai. (JOÃO 1:1-14)

*A graça pode ser comparada à chuva por sua pureza, por sua influência refrescante e vivificante, por vir somente do alto e pela soberania com que é dada ou contida.*
—CHARLES H. SPURGEON

> Ainda que envolva outras coisas, a experiência cristã verdadeira deve sempre ser fundamentada em um encontro genuíno com Deus. —A. W. TOZER

"*Seja feita a Tua vontade*" não é uma expressão de resignação, mas de decisão. É ativa, não passiva.
—CORRIE TEN BOOM

*É uma armadilha presumir que o Senhor quer nos tornar espécimes perfeitos daquilo que Ele pode fazer — o propósito de Deus é fazer de nós um com Ele.* —A. W. TOZER

*Devo aprender que o propósito da minha vida pertence a Deus e não a mim. O Senhor está me usando a partir de Sua formidável perspectiva pessoal, e tudo que Ele me pede é para confiar nele.* —OSWALD CHAMBERS

## Meu pensamento...